こんなときどうする？ クイズで学《まな》べる！

こども防《ぼう》犯《はん》サバイバル

監修 国崎信江（危機管理教育研究所代表）

JN189652

日本図書センター

はじめに

知《し》らない人《ひと》にどこかへ連《つ》れていかれたり、こわい目《め》にあわされたり、残念《ざんねん》なことですが、このようなこどもをねらった犯罪《はんざい》が、毎年《まいとし》のようにおこっています。みなさんもテレビやネットのニュースで見《み》て、「こわい！」「許《ゆる》せない！」と感《かん》じたことがあるのではないでしょうか？　また、ニュースにはなっていないけれど、大《おお》きな犯罪《はんざい》につながりかねない、あやしい人物《じんぶつ》による「声《こえ》かけ」や「つけまわし」などの事件《じけん》は、わたしたちの生活《せいかつ》のなかで、じつはよくおこっているのです。

この本《ほん》に登場《とうじょう》する主人公《しゅじんこう》たちにも、下校《げこう》しているときや、お出《で》かけしているとき、そして、スマホを使《つか》っているときに犯罪《はんざい》の魔《ま》の手《て》がしのびよります。犯罪《はんざい》にあわないようにするには、どうしておけばいいのか？　もし危《あぶ》ない目《め》にあいそうになったときは、どうすればいいのか？　みなさんもいっしょに、なにが正《ただ》しいのか考《かんが》えてみてください。

この本《ほん》を読《よ》んで、正《ただ》しい防犯《ぼうはん》の知識《ちしき》を身《み》につけておけば、ふだんからどこでどのような犯罪《はんざい》がおこりえるのかイメージできるようになります。そして、それは犯罪《はんざい》を遠《とお》ざけ、大切《たいせつ》な自分《じぶん》を守《まも》ることにつながるのです。この本《ほん》がみなさんの身《み》と心《こころ》の安全《あんぜん》に少《すこ》しでも役立《やくだ》つことを祈《いの》っています。

危機《きき》管理《かんり》教育《きょういく》研究所《けんきゅうじょ》代表《だいひょう》　国崎《くにざき》信江《のぶえ》

もくじ

この本《ほん》の見方《みかた》

防犯《ぼうはん》の知識《ちしき》や危険《きけん》がせまったときの正《ただ》しい行動《こうどう》をクイズにしているよ。

問題《もんだい》のむずかしさを3段階《だんかい》で表示《ひょうじ》しているよ。

問題《もんだい》の答《こた》えをイラストとともに紹介《しょうかい》するよ。

答《こた》えの選択肢《せんたくし》だよ。どちらが正《ただ》しいか自分《じぶん》で考《かんが》えてみよう。

答《こた》えについてくわしく説明《せつめい》しているよ。

問題《もんだい》に関係《かんけい》することがらを紹介《しょうかい》するコラムだよ。

第《だい》1章《しょう》

下《げ》校《こう》・留《る》守《す》番《ばん》

学校《がっこう》から下校《げこう》しているコハルとトウマに、あやしい人物《じんぶつ》たちの魔《ま》の手《て》がせまる！　2人《ふたり》は無事《ぶじ》、家《いえ》に帰《かえ》りつき、安全《あんぜん》にすごすことができるのか？

みなさんもコハルとトウマといっしょに、自分《じぶん》の身《み》を守《まも》る行動《こうどう》を考《かんが》えてみてね！

コハル

しっかりした性《せい》格《かく》で用《よう》心《じん》深《ぶか》い女《おんな》の子《こ》。

トウマ

コハルの同級生《どうきゅうせい》。少《すこ》しこわがりな男《おとこ》の子《こ》。

防犯《ぼうはん》について知《し》りつくしたサバイバルマスターがたいせつなアドバイスをしてくれるよ！

プロローグ　ドキドキの帰《かえ》り道《みち》

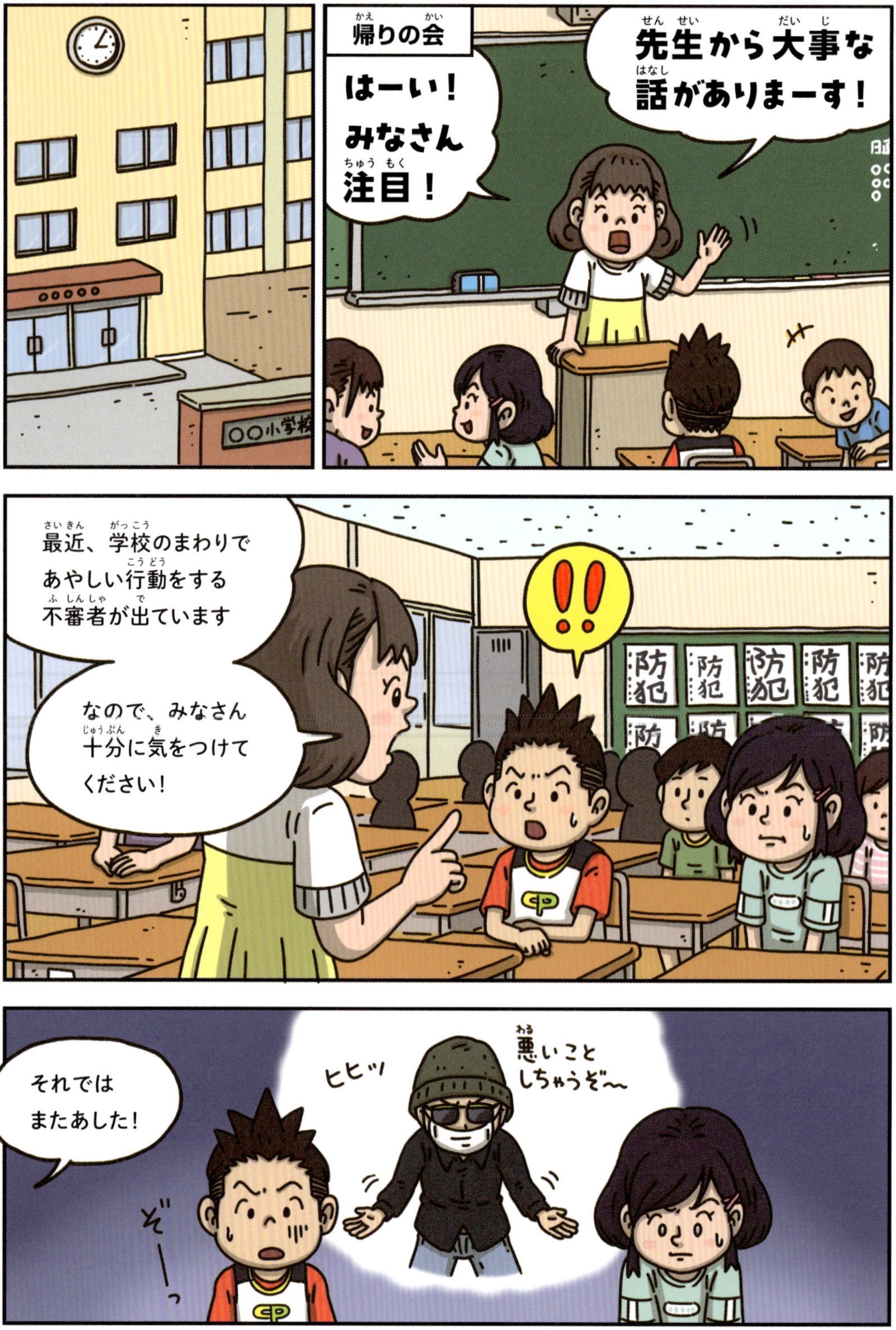

先生《せんせい》
さよならー
トウマどうしたの？
なんか元気《げんき》ないね…
・・・
あっ…コハル…
さっきの先生《せんせい》の
話《はなし》だよ…
なんか
こわくて…
スッ
ほんと
だよね…
わたしも悪《わる》い人《ひと》に
おそわれないか
いろいろ不安《ふあん》に
なってきちゃった…
まてー!!
キャーッ
うん…
わかる…

しかも！こんなときにかぎってきょうは1人《ひとり》でお留守番《るすばん》なのよねぇ～
コハル、あしたはお留守番《るすばん》お願《ねが》いね！5時《じ》には帰《かえ》ってくるから
ええっー!!マジで!?
それはついてないね…
ぼくには絶対《ぜったい》ムリだ…
ははっ…
はーっ
だいじょうぶ…?
とにかくおたがい気《き》をつけて帰《かえ》ろうよ！
そうね
じゃあまたあした
うん！またあした

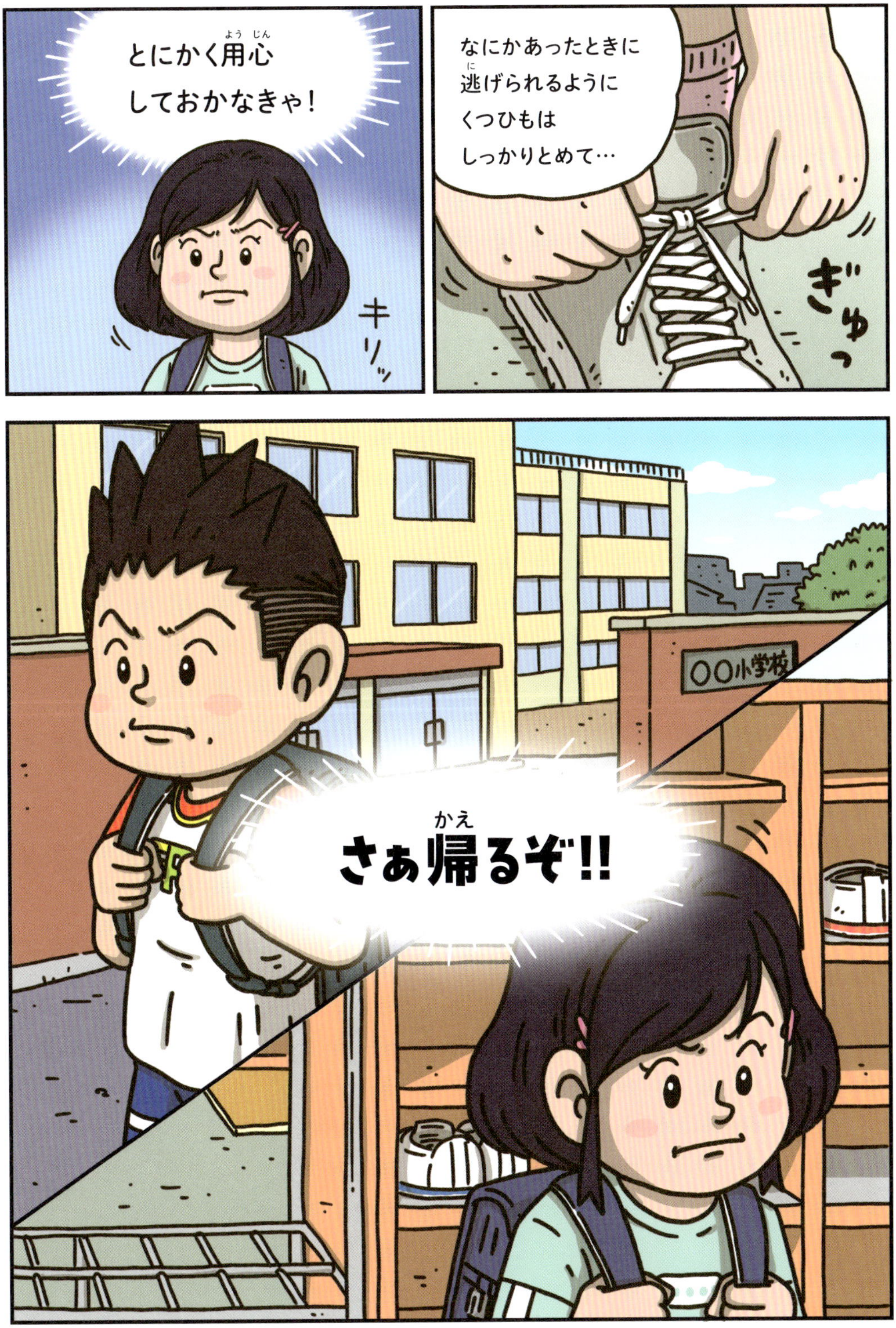
とにかく用心《ようじん》
しておかなきゃ！
キリッ
なにかあったときに
逃《に》げられるように
くつひもは
しっかりとめて…
ぎゅっ
○○小学校
さぁ帰《かえ》るぞ!!

問題《もんだい》 1

いざというとき、役《やく》に立《た》つ防犯《ぼうはん》ブザー。どうもっていればいいの？

むずかしさ★☆☆

A 落《お》とさないよう
カバンに入《い》れておく

B いつでも使《つか》える場所《ばしょ》に
つけておく

答《こた》え B

いつでも使《つか》える場《ば》所《しょ》につけておく

防犯《ぼうはん》ブザーはすぐ使《つか》えるようにしておこう

防犯《ぼうはん》ブザーは、悪《わる》い人《ひと》におそわれそうになったとき、役《やく》に立《た》つアイテムだよ。大《おお》きな音《おと》でまわりの人《ひと》たちに、自分《じぶん》の危険《きけん》を知《し》らせることができるからね。でも、ただもっているだけではダメなんだ。悪《わる》い人《ひと》がいつおそってきても自分《じぶん》を守《まも》れるように、すぐに鳴《な》らせる場所《ばしょ》につけておくことが大切《たいせつ》だよ。

電池《でんち》が切《き》れていたり、こわれたりしていないか、しっかり確認《かくにん》しておくことも忘《わす》れないようにしよう。

こわくて声《こえ》が出《だ》せないときに、役《やく》に立《た》つよ

クイズ深掘《ふかぼ》り！

防犯《ぼうはん》ブザーはいつ鳴《な》らす？

知《し》らない人《ひと》にどこかへ連《つ》れていかれそうになったときは、まよわず防犯《ぼうはん》ブザーを鳴《な》らそう。自分《じぶん》の身《み》を守《まも》ることは、なによりも大事《だいじ》。だから、「まちがったらいけない」なんて考《かんが》えなくていいよ。少《すこ》しでも「こわい」「おかしい」と感《かん》じたら、すぐに鳴《な》らしていいんだ。

問題《もんだい》 2

1人《ひとり》で道《みち》を歩《ある》くときは、どんな歩《ある》き方《かた》をすればいい？

むずかしさ ★★★

A まわりをよく見《み》て歩《ある》く

B 足元《あしもと》を見《み》ながら歩《ある》く

答《こた》え A

まわりをよく見《み》て歩《ある》く

安全《あんぜん》を確認《かくにん》しながら早足《はやあし》で歩《ある》こう

1人《ひとり》のときは、まわりをよく見《み》て歩《ある》くことが大事《だいじ》。おかしな行動《こうどう》をしている人《ひと》や、あやしい車《くるま》など、まわりの危険《きけん》にいち早《はや》く気《き》づくことができるよ。そして、犯罪《はんざい》からも身《み》を守《まも》れるんだ。早足《はやあし》で歩《ある》くようにすることも大事《だいじ》だよ。まわりを見《み》ながら早足《はやあし》で歩《ある》いているこどもには、悪《わる》い人《ひと》も声《こえ》をかけにくいからね。

足元《あしもと》ばかり見《み》て歩《ある》くと、まわりのようすがわからなくなり、犯罪《はんざい》や事故《じこ》にあいやすくなるから、やめておこう。

安全《あんぜん》は自分《じぶん》の目《め》で見《み》て確《たし》かめよう！

クイズ深掘《ふかぼ》り！

声《こえ》をかけられにくくするくふう

犯罪《はんざい》から身《み》を守《まも》るには、悪《わる》い人《ひと》に声《こえ》をかけられにくくするくふうも必要《ひつよう》。名前《なまえ》を知《し》られると声《こえ》をかけられやすくなるから、かさや手《て》さげ袋《ぶくろ》などは外《そと》から見《み》えない場所《ばしょ》に名前《なまえ》を書《か》こう。

友《とも》だちと話《はな》すときも、おたがいの名前《なまえ》を大声《おおごえ》で呼《よ》びあうのはやめておこうね。

問題《もんだい》
3
家《いえ》のカギのもち方《かた》で一番《いちばん》いいのはどれかな？

むずかしさ★★☆

A 首《くび》から下《さ》げておく

A～Cから正《ただ》しいものを1《ひと》つ選《えら》んでね

B カバンのおくに
しまっておく

C ひもをつけてカバンの
ポケットに入《い》れておく

答《こた》え

C

ひもをつけてカバンのポケットに入《い》れておく

まわりから見《み》えず、すぐ使《つか》えるもち方《かた》で

カギのもち方《かた》でやってはいけないのは、首《くび》から下《さ》げておくこと。まわりからカギが見《み》えて、留守番《るすばん》することがわかってしまうよ。それに、ひもで首《くび》がしまる事故《じこ》にもつながるから絶対《ぜったい》にやめよう。カバンのおくにしまっておくのもダメ。カギを開《あ》けるとき探《さが》すのに時間《じかん》がかかって、家《いえ》におとながいないことが、まわりの人《ひと》にばれてしまうからね。ひもをつけてカバンのポケットに入《い》れておけば、まわりから見《み》えずすぐに使《つか》えて安心《あんしん》だよ。

まわりに
人《ひと》がいたら、
カギは使《つか》わない！

クイズ深《ふか》掘《ぼ》り！

リールつきキーケースが安全《あんぜん》

のびちぢみするリールのついたキーケースは、カギをしまうのにちょうどいいよ。カギが外《そと》から見《み》えないし、さっとのばして使《つか》えるから安全《あんぜん》なんだ。キーケースはカバンの外《そと》につけてもいいけど、カバンのポケットのジッパーにつけて、ポケットに入《い》れておくとより安全《あんぜん》だよ。

カギをなくしてしまったら?

カギをなくしたときは、家《いえ》の前《まえ》で家族《かぞく》を待《ま》ったり、道《みち》をもどってカギを探《さが》したりしてしまいがちだけど、それは危険《きけん》。1人《ひとり》で外《そと》にいる時間《じかん》が増《ふ》え、悪《わる》い人《ひと》にねらわれやすくなるよ。安全《あんぜん》な場所《ばしょ》で、家《いえ》の人《ひと》がむかえにきてくれるのを待《ま》とう。

こんなところで待《ま》たせてもらおう!

カギをなくして家《いえ》に入《はい》れないときは、図書館《としょかん》や児童館《じどうかん》など、公共《こうきょう》の施設《しせつ》で待《ま》たせてもらおう。近所《きんじょ》の友《とも》だちの家《いえ》でもいいよ。帰宅《きたく》して、きみがいないことを家族《かぞく》が心配《しんぱい》しないように、電話《でんわ》で自分《じぶん》がいる場所《ばしょ》を伝《つた》えるのは忘《わす》れずにね。

としょかん
図書館《としょかん》
児童館《じどうかん》
じどうかん
友《とも》だちの家《いえ》

必《かなら》ずおとなのいる安全《あんぜん》な場所《ばしょ》で待《ま》とう!

問題《もんだい》 4

知《し》らないおじさんが「駅《えき》まで連《つ》れていって」といってきた。どうしよう？

むずかしさ ★★☆

A 連《つ》れていく

B おとなにまかせる

答《こた》え

B

おとなにまかせる

おとなのこまりごとは、おとなにまかせよう

こまっている人《ひと》がいたとき、「助《たす》けてあげたい」と思《おも》うのはすてきなこと。でも、こどもがおとなを助《たす》けようとするのはとても危険《きけん》なんだ。なぜなら、悪《わる》い人《ひと》がこどもに近《ちか》づこうと、こまったふりをしている場合《ばあい》があるからね。だから、けっして自分《じぶん》で助《たす》けようとしないで、まわりにいるおとなにまかせよう。

人《ひと》をうたがうのはいやかもしれないけど、悪《わる》い人《ひと》はいろいろな方法《ほうほう》で近《ちか》づいてくる。だから注意《ちゅうい》が必要《ひつよう》だよ。

絶対《ぜったい》に自分《じぶん》だけで助《たす》けようとしないこと!

クイズ深掘《ふかぼ》り!

1人《ひとり》だと声《こえ》をかけられやすい

悪《わる》い人《ひと》は、こどもが1人《ひとり》でいるときに話《はな》しかけてくることが多《おお》いよ。こども1人《ひとり》でいるときのほうが、悪《わる》いことをするとき、いろいろ都合《つごう》がいいと思《おも》っているからなんだ。

だから、友《とも》だちと別《わか》れた帰《かえ》り道《みち》なんかは、とくに気《き》をつけるようにしよう。

問題《もんだい》 5

知《し》らないおばさんが「家族《かぞく》が事故《じこ》にあった」といってきた。どうしよう？

むずかしさ★★☆

A いっしょに病院《びょういん》へいく

B 「家族《かぞく》に連絡《れんらく》する」と答《こた》える

答《こた》え
B
「家族《か ぞく》に連絡《れん らく》する」と答《こた》える

あわてずに家族《かぞく》に連絡《れんらく》をとろう

悪《わる》い人《ひと》は「知《し》りあいのふり」をして、こどもに話《はな》しかけてくることもあるよ。ときには「家族《かぞく》が事故《じこ》にあった」とうそをいい、病院《びょういん》へ連《つ》れていくふりをして、ゆうかいすることもあるんだ。

もし、知《し》らない人《ひと》から「家族《かぞく》が事故《じこ》にあった」と聞《き》かされたら、あわてずに家《いえ》の人《ひと》に連絡《れんらく》をしよう。そして、その話《はなし》が本当《ほんとう》かどうかを確認《かくにん》するんだ。まちがっても、いわれるままについていってはいけないよ。

「家族《かぞく》が事故《じこ》」も、悪《わる》い人《ひと》がよく使《つか》う手《て》だよ

クイズ深掘《ふかぼ》り！

相手《あいて》の態度《たいど》にまどわされない

悪《わる》い人《ひと》は、「親切《しんせつ》なふり」や「こどもが好《す》きなものの話《はなし》」をしながら近《ちか》づいてくることもあるよ。親切《しんせつ》そうな人《ひと》や、自分《じぶん》の好《す》きなものの話《はなし》をしてくる人《ひと》だと、こどもは危険《きけん》に対《たい》する注意《ちゅうい》を忘《わす》れると考《かんが》えているからね。相手《あいて》がどんな態度《たいど》でも、注意《ちゅうい》を忘《わす》れないようにしよう。

問題《もんだい》 6 知《し》らない人《ひと》と話《はな》すとき、注《ちゅう》意《い》することって？

むずかしさ★★★

A ふれられないくらいはなれる

B 顔《かお》をおぼえるため近《ちか》づく

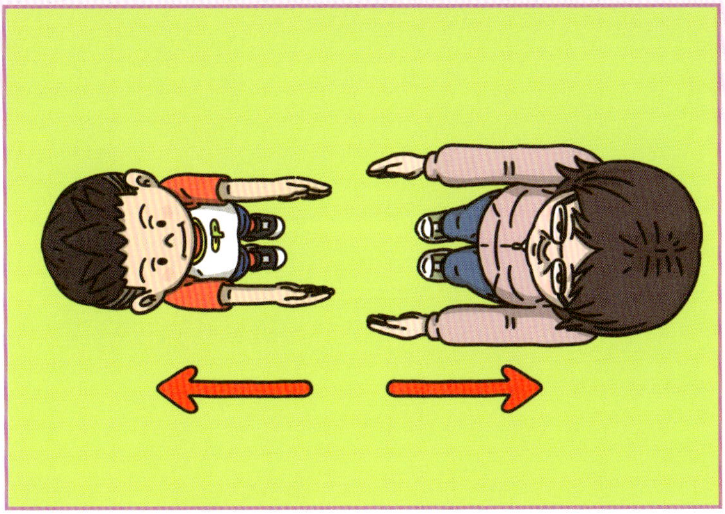

答《こた》え

A

ふれられないくらいはなれる

もしものときに備《そな》えて、間《あいだ》をあけておく

やさしい態度《たいど》で話《はな》しかけてくる人《ひと》でも、もしかしたら悪《わる》い人《ひと》かもしれない。だから、もし相手《あいて》が自分《じぶん》の手《て》をつかもうとしても逃《に》げられるように、少《すこ》しはなれたところにいるようにしよう。

はなれるときは、「おたがいが前《まえ》にならえをしても、手《て》がふれないくらい」間《あいだ》をあけるのがポイント。そうしておけば、相手《あいて》がすぐに自分《じぶん》の手《て》をつかむことはできないから、いざというときに逃《に》げることができるんだ。

やさしそうに見《み》えても、知《し》らない人《ひと》には注意《ちゅうい》！

クイズ深掘《ふかぼ》り！

力《ちから》ではおとなに勝《か》てない

「危《あぶ》ない目《め》にあったときは戦《たたか》う！」なんて、アニメやゲームみたいなことを考《かんが》えるのはとても危険《きけん》。こどもの腕力《わんりょく》では、おとなにかなわないから、必《かなら》ず悪《わる》い人《ひと》に負《ま》けて、つかまってしまうよ。それは相《あい》手《て》が男《おとこ》でも女《おんな》でも同《おな》じなんだ。戦《たたか》わずに逃《に》げることがなによりも大事《だいじ》だよ。

問題《もんだい》 7 近所《きんじょ》でよく見《み》かけるお兄《にい》さんがカードゲームをくれるって。どうする？

むずかしさ ★★☆

A お礼《れい》をいって、
もらう

B 「いらない」と、
断《ことわ》る

答《こた》え
B

「いらない」と、断《ことわ》る

「よく見《み》かける人《ひと》」は「知《し》らない人《ひと》」

「知《し》らない人《ひと》からものをもらってはダメ」――これはよく聞《き》く話《はなし》だよね。では、「よく見《み》かける人《ひと》」ならどうだろう。それならいいと思《おも》うかもしれないけど、ダメなんだよ。なぜなら、よく見《み》かけるからといって、その人《ひと》のことをよく知《し》っているわけじゃないから。きっと名前《なまえ》とか人《ひと》がらとか、知《し》らないことのほうが多《おお》いはずだよ。

もしかしたら悪《わる》い人《ひと》かもしれないから、よく見《み》かけるというだけで、近《ちか》づくのはやめよう。

知《し》っている人《ひと》だと思《おも》って、ついていくと犯罪《はんざい》にあうことも

クイズ深掘り！

「知《し》っている人《ひと》」ってどんな人《ひと》？

「知《し》っている人《ひと》」だと、かんちがいしやすい人《ひと》はけっこういるよ。つぎの5つのポイントが全部当《ぜんぶあ》てはまれば、知《し》っている人《ひと》といえるよ。①名前《なまえ》を知《し》っている ②家《いえ》を知《し》っている ③その人《ひと》の家族《かぞく》を知《し》っている ④その人《ひと》の仕事《しごと》を知《し》っている ⑤親《おや》もその人《ひと》のことを知《し》っている

問題《もんだい》 8

マンションで、とくに犯罪《はんざい》にあいやすい場所《ばしょ》はどっち？

むずかしさ★★★

A エントランス

B 駐車場《ちゅうしゃじょう》・駐輪場《ちゅうりんじょう》

答《こた》え

B

駐《ちゅう》車《しゃ》場《じょう》・駐《ちゅう》輪《りん》場《じょう》

外《そと》から見《み》えにくく、人《ひと》がいない場所《ばしょ》は危険《きけん》

マンションの駐車場《ちゅうしゃじょう》や駐輪場《ちゅうりんじょう》は、外《そと》からは見《み》えにくく、人《ひと》もあまりいないので、犯罪《はんざい》をおこすのには都合《つごう》がいい場所《ばしょ》だよ。とくに、住人《じゅうにん》じゃなくても自由《じゆう》に出入《ではい》りできるような駐車場《ちゅうしゃじょう》や駐輪場《ちゅうりんじょう》は要注意《ようちゅうい》。悪《わる》い人《ひと》がしのびこんできやすいからね。

悪《わる》い人《ひと》は明《あか》るくて人目《ひとめ》の多《おお》い場所《ばしょ》をさけるから、いつも照明《しょうめい》がついていて人《ひと》の出入《ではい》りが多《おお》いエントランスは、マンションのなかでは安全《あんぜん》なほうだといえるよ。

駐《ちゅう》車《しゃ》場《じょう》や駐《ちゅう》輪《りん》場《じょう》は、よく犯《はん》罪《ざい》がおこる場《ば》所《しょ》だよ

クイズ深《ふか》掘《ぼ》り！

ゴミ置《お》き場《ば》や階段《かいだん》にも注意《ちゅうい》

マンションには、とびらのついたゴミ置《お》き場《ば》が設置《せっち》されているところもある。そんな場所《ばしょ》はだれでも入《はい》れて人目《ひとめ》につかない場所《ばしょ》なので、悪《わる》い人《ひと》がかくれている可能性《かのうせい》もあるよ。

そのほかに、マンションの階段《かいだん》も人目《ひとめ》につかないから注意《ちゅうい》が必要《ひつよう》だよ。

問題《もんだい》 9

エレベーターに乗《の》るときは、どこに乗《の》るのがいいの？

むずかしさ ★★☆

A 入《い》り口《ぐち》近《ちか》くのボタンの前《まえ》

B 一《いち》番《ばん》おくのかべの前《まえ》

答《こた》え

A

入《い》り口《ぐち》近《ちか》くのボタンの前《まえ》

すぐに逃《に》げられる入《い》り口近《ぐちちか》くに立《た》とう

エレベーターは、とびらがしまるとなかのようすが見《み》えず、逃《に》げにくい。だから、悪《わる》い人《ひと》が犯罪《はんざい》をするのに都合《つごう》がいいよ。できるだけ1人《ひとり》で乗《の》らないようにしよう。

もし1人《ひとり》で乗《の》るときは、入《い》り口近《ぐちちか》くのボタンの前《まえ》に、背《せ》中《なか》をかべに向《む》けて立《た》つといいよ。そうすれば、あやしい人《ひと》が乗《の》ってきてもすぐに降《お》りられるし、あやしい人《ひと》と2人《ふたり》きりになってしまっても、ボタンを押《お》して、止《と》まった階《かい》で降《お》りることができるからね。

かべを背《せ》にして立《た》てば、なかを見《み》わたせるから安心《あんしん》だ！

クイズ深《ふか》掘《ぼ》り！

いざというときは非常《ひじょう》ボタン

エレベーターには非常《ひじょう》ボタンがついているよ。悪《わる》い人《ひと》におそわれそうになったときはもちろん、「こわい」と感《かん》じたときは、まよわず、すぐに非常《ひじょう》ボタンを押《お》すようにしよう。

長《なが》く押《お》し続《つづ》けると管理会社《かんりがいしゃ》につながって、助《たす》けを呼《よ》ぶことができるんだ。

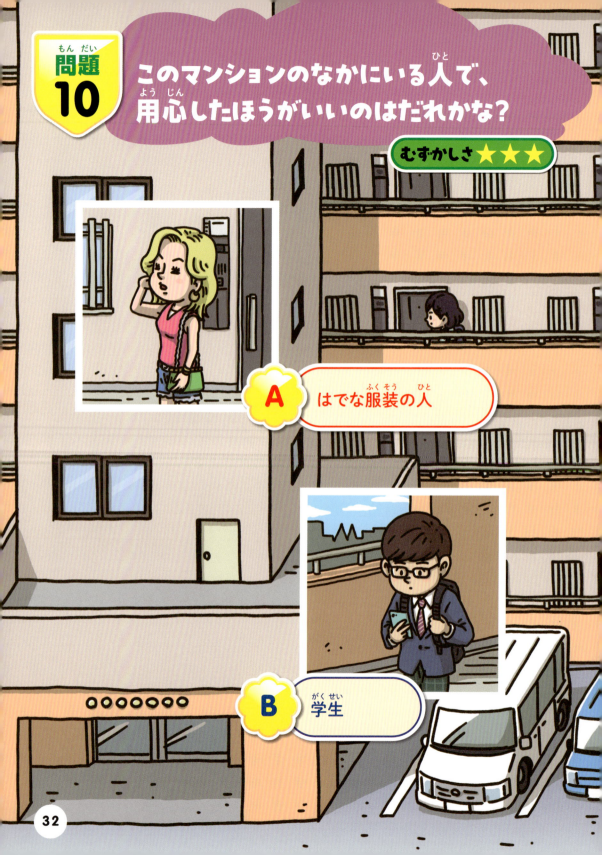

問題《もんだい》 10

このマンションのなかにいる人《ひと》で、用心《ようじん》したほうがいいのはだれかな？

むずかしさ★★★

A はでな服装《ふくそう》の人《ひと》

B 学生《がくせい》

A~Eから正《ただ》しいものをすべて選《えら》んでね

C 黒《くろ》ずくめの人《ひと》

D 宅配便《たくはいびん》の人《ひと》

E 外国人《がいこくじん》

答《こた》え A・B・C・D・E

はでな服装《ふくそう》の人《ひと》、学生《がくせい》、黒《くろ》ずくめの人《ひと》、宅配便《たくはいびん》の人《ひと》、外国人《がいこくじん》

反対《はんたい》に見《み》た目《め》がこわくても、悪《わる》い人《ひと》とは限《かぎ》らないよ

悪《わる》い人《ひと》は見《み》た目《め》ではわからない

悪《わる》い人《ひと》は、見《み》た目《め》や年《ねん》れい、性別《せいべつ》、国籍《こくせき》、職業《しょくぎょう》などではわからないよ。やさしそうに見《み》える人《ひと》や、まじめに働《はたら》いている人《ひと》が、じつは悪《わる》い人《ひと》だった、ということもあるからね。だから、知《し》らない人《ひと》と接《せっ》するときは、用心《ようじん》しておいたほうがいいんだ。

必要以上《ひつよういじょう》にこわがらなくてもいいけれど、見《み》た目《め》や年《ねん》れいなどで安心《あんしん》して、知《し》らない人《ひと》に近《ちか》づきすぎると、危《あぶ》ない目《め》にあう可能性《かのうせい》もあるから、やめておこう。

クイズ深掘《ふかぼ》り！

モデルにならない？
事務所《じむしょ》までおいでよ！

行動《こうどう》を見《み》て判断《はんだん》しよう

悪《わる》い人《ひと》は見《み》た目《め》ではわからない。でもその人《ひと》の行動《こうどう》を見《み》れば悪《わる》い人《ひと》かどうか、わかることもあるよ。こどもが1人《ひとり》でいるときに限《かぎ》って話《はな》しかけてきたり、人目《ひとめ》につかない場所《ばしょ》で2人《ふたり》きりになりたがったりするのは悪《わる》い人《ひと》の特徴《とくちょう》。そんな人《ひと》がいたら近《ちか》よらないようにしよう。

マンションのなかは安全《あんぜん》？

マンションは自分《じぶん》の家《いえ》もあるし、建物《たてもの》のなかだから安全《あんぜん》だと思《おも》いがち。でも住《す》んでいる人《ひと》だけではなく、宅配便《たくはいびん》の人《ひと》や引《ひ》っ越《こ》し屋《や》さんなど、外《そと》の人《ひと》が自由《じゆう》に出入《ではい》りできるから、あまり外《そと》と変《か》わらないんだ。油断《ゆだん》はできないよ。

宅配便《たくはいびん》の人《ひと》
おそうじ屋《や》さん
マンションのなかはいろんな人《ひと》が出入《ではい》りしているぞ！
設備《せつび》を点検《てんけん》する人《ひと》
引《ひ》っ越《こ》し屋《や》さん

オートロックを信用《しんよう》しすぎない

ササッ

オートロックの自動《じどう》ドアは、カギをもっている人《ひと》しか開《あ》けられない。だから悪《わる》い人《ひと》は入《はい》ってこられないと思《おも》うかもしれないけど、そうでもないよ。住《す》んでいる人《ひと》が通《とお》った後《あと》、自動《じどう》ドアは少《すこ》しの間《あいだ》開《ひら》いているから、悪《わる》い人《ひと》が入《はい》りこむことができてしまう。それに、引《ひ》っ越《こ》しやそうじの作業中《さぎょうちゅう》は、自動《じどう》ドアを開《あ》けっぱなしにすることもあるからね。

問題《もんだい》 11

だれもいない家《いえ》。入《はい》るときにやるべきことって？

むずかしさ ★★★

A 大《おお》きな声《こえ》で「ただいま」という

B 音《おと》を立《た》てず、そっと入《はい》る

答《こた》え

A 大《おお》きな声《こえ》で「ただいま」という

家《いえ》に家族《かぞく》がいるようによそおう

だれもいない家《いえ》に帰《かえ》ってきたときは、大《おお》きな声《こえ》で「ただいま」といいながらなかに入《はい》ろう。なにもいわずに、そっと入《はい》るすがたを悪《わる》い人《ひと》が見《み》ていたら、家族《かぞく》が留守《るす》だとばれて危険《きけん》だよ。1人《ひとり》で留守番《るすばん》をしているこどもは、悪《わる》い人《ひと》にねらわれやすいからね。

大《おお》きな声《こえ》で「ただいま」といえば、家族《かぞく》が留守《るす》にしていても、家《いえ》にいると思《おも》わせることができるよ。だから、悪《わる》い人《ひと》から身《み》を守《まも》ることができるんだ。

人《ひと》に聞《き》こえるように元気《げんき》よくいおう!

クイズ深《ふか》掘《ぼ》り!

家《いえ》に入《はい》る前《まえ》にまわりを確認《かくにん》する

「ただいま」といって家《いえ》に入《はい》る前《まえ》には、必《かなら》ずまわりを見《み》よう。もし、悪《わる》い人《ひと》が後《あと》をつけてきていたら、ドアを開《あ》けたとたん、後《うし》ろから押《お》しこまれて、家《いえ》に入《はい》られてしまうかもしれないんだ。だから、あやしい人《ひと》がそばにいないか確認《かくにん》することが大事《だいじ》なんだよ。

問題《もんだい》 12　留守番中《るすばんちゅう》にインターホンが鳴《な》った！ どうしよう？

むずかしさ★★☆

ピンポーン

A インターホンに出《で》る

B しらんぷりする

はーい

ピンポーン
ピンポーン

答《こた》え

B

しらんぷりする

インターホンには絶対《ぜったい》に出《で》ない

留守番中《るすばんちゅう》にインターホンが鳴《な》っても、けっして出《で》てはいけないよ。出《で》ると、こどもが1人《ひとり》で留守番《るすばん》している家《いえ》だと、相手《あいて》にばれてしまうからね。もしインターホンを鳴《な》らしたのが悪《わる》い人《ひと》だったら、とつぜん家《いえ》に入《はい》ってきて、危《き》険《けん》なことをしようとするかもしれないよ。だから、1人《ひとり》のときは、インターホンには出《で》ない。そして、だれも家《いえ》に入《はい》ってこないように、家《いえ》のカギをしっかりかけておく。おぼえておこう。

クイズ深《ふか》掘《ぼ》り!

電話《でんわ》がかかってきても出《で》ない

留守番《るすばん》をしていると、電話《でんわ》がかかってくることもある。そんなときも、電話《でんわ》には出《で》ないようにしよう。もし出《で》たら、家《いえ》にこどもしかいないことが相手《あいて》にばれてしまうかもしれないからね。急《いそ》ぎのときは携帯電話《けいたいでんわ》にかける人《ひと》が多《おお》いから、家《いえ》の電話《でんわ》は無視《むし》してもだいじょうぶだよ。

問題《もんだい》 13

犯罪《はんざい》にあわないように、ふだんからやっておくことは？

むずかしさ ★★☆

A 郵便受《ゆうびんう》けのなかを空《から》にしておく

B 窓《まど》を少《すこ》しだけ開《あ》けておく

答《こた》え

A 郵便《ゆうびん》受《う》けのなかを空《から》にしておく

郵便物《ゆうびんぶつ》がたまっているとねらわれやすい

郵便受《ゆうびんう》けに手紙《てがみ》などがたまっていると、留守《るす》にしがちの家《いえ》だと思《おも》われるよ。留守《るす》の家《いえ》は悪《わる》い人《ひと》が、どろぼうをするのに都合《つごう》のいい場所《ばしょ》。だから留守《るす》にしがちと思《おも》われるのは危険《きけん》なんだ。郵便受《ゆうびんう》けのなかは空《から》にしておこう。

「窓《まど》を開《あ》けておけば、なにかあったとき逃《に》げやすい」と思《おも》う人《ひと》もいるかもしれないけど、開《あ》いている窓《まど》から悪《わる》い人《ひと》が入《はい》ってくるから絶対《ぜったい》にダメ。窓《まど》やドアにはしっかりカギをかけておこう。

悪《わる》い人《ひと》にすきを見《み》せないことが大事《だいじ》だ！

クイズ深掘《ふかぼ》り！

留守《るす》だとわかってしまうポイント

郵便物《ゆうびんぶつ》のほかにも、悪《わる》い人《ひと》に目《め》をつけられやすいポイントがあるから気《き》をつけよう。たとえば、雨《あめ》なのに洗《せん》たく物《もの》がほしっぱなしになっていたり、ドアの前《まえ》に宅配便《たくはいびん》の荷物《にもつ》が置《お》きっぱなしになっていたりすると、留守《るす》だとわかって悪《わる》い人《ひと》にねらわれやすくなるよ。

問題《もんだい》 14

後《うし》ろに人《ひと》の気《け》配《はい》を感《かん》じる。どうしたらいいの？

むずかしさ★★☆

A ふり返《かえ》って確《かく》認《にん》する

B 早《はや》足《あし》で歩《ある》く

答《こた》え

A

ふり返《かえ》って確認《かく にん》する

けいかいしていることをアピールしよう

悪《わる》い人《ひと》は後《うし》ろからおそってくることも多《おお》い。だから、後《うし》ろに人《ひと》の気配《け はい》を感《かん》じたら、ふり返《かえ》って確認《かくにん》しよう。悪《わる》い人《ひと》が後《あと》をつけてきていても、何度《なん ど》もふり返《かえ》っているこどもは用心深《ようじんぶか》いと思《おも》われて、おそわれにくくなるよ。もし、おそってきたとしても、後《うし》ろを確認《かくにん》しながら歩《ある》いていれば、すぐに気《き》づくことができて逃《に》げられるんだ。

大事《だい じ》なのは、自分《じ ぶん》がけいかいしながら歩《ある》いていることを悪《わる》い人《ひと》にわからせることだよ。

用心《ようじん》していないこどもがねらわれるぞ！

クイズ深《ふか》掘《ぼ》り！

カーブミラーやガラスを活用《かつ よう》！

後《うし》ろを確認《かくにん》するときは、道路《どう ろ》に立《た》っているカーブミラーなども役《やく》に立《た》つよ。後《うし》ろに人《ひと》がいる気配《け はい》がしても、こわくてふり返《かえ》れないときは、カーブミラーやお店《みせ》の窓《まど》ガラスを見《み》れば後《うし》ろのようすがわかることもあるんだ。もし、あやしい人《ひと》が映《うつ》っていたら、すぐに逃《に》げよう。

問題《もんだい》 15

おそわれそうになったとき、逃《に》げこむのによいのはどこ？

むずかしさ★★★

A 交番《こうばん》

B コンビニ

A~Eから正《ただ》しいものをすべて選《えら》んでね

C 病院《びょういん》

D 空《あ》き家《や》

E 図書館《としょかん》

答《こた》え A・B・C・E

交番《こうばん》、コンビニ、病院《びょういん》、図書館《としょかん》

おとながいるところへ逃《に》げこむ

おそわれそうになったり、こわいと感《かん》じたりしたときは、おとながいる安全《あんぜん》な場所《ばしょ》に逃《に》げこむことが重要《じゅうよう》だよ。おまわりさんのいる交番《こうばん》が一番《いちばん》いいけど、いつでも開《あ》いているコンビニや、おとなが必《かなら》ずいる病院《びょういん》や図書館《としょかん》も逃《に》げこむのにいい場所《ばしょ》なんだ。そんな場所《ばしょ》が見《み》つからなかったら、近《ちか》くの家《いえ》に逃《に》げこもう。

空《あ》き家《や》は人《ひと》がいないし、人目《ひとめ》につかないからかえって危険《きけん》。絶対《ぜったい》に逃《に》げこんではいけないよ。

逃《に》げこむのによさそうな場所《ばしょ》を調《しら》べておこう！

クイズ深《ふか》掘《ぼ》り！

近所《きんじょ》の人《ひと》となかよくしておこう

近《ちか》くの家《いえ》に逃《に》げこむとき、その家《いえ》にどんな人《ひと》がいるのかわからないと、ためらってしまうよね。だから家族《かぞく》と話《はな》しあって、近所《きんじょ》の人《ひと》たちのことを知《し》っておこう。そして、その人《ひと》たちにあいさつをして、なかよくなっておけば、いざというときに、助《たす》けてもらえるから安心《あんしん》だよ。

こども110番《ばん》の家《いえ》ってなに?

「こども110番《ばん》の家《いえ》」は、こどもの安《あん》全《ぜん》を守《まも》ることに協力《きょうりょく》している家《いえ》やお店《みせ》などのことだよ。こどもがこわい目《め》にあったときに、逃《に》げこむことのできる安全《あんぜん》な場所《ばしょ》なんだ。目印《めじるし》になるステッカーがはってあるよ。

いろいろある「こども110番《ばん》の家《いえ》」

こども
110番
の家

「こども110番《ばん》の家《いえ》」は、「ゆうかいされそう」「知《し》らない人《ひと》に声《こえ》をかけられた」など、こどもが「こわい」と感《かん》じたときに逃《に》げこめる家《いえ》。そこではこどもをやさしく保護《ほご》してくれて、家族《かぞく》や警察《けいさつ》、学校《がっこう》などに連絡《れんらく》してくれるんだ。

「こどもを守《まも》る家《いえ》」など地域《ちいき》によって名《な》前《まえ》はちがうけど、役割《やくわり》は同《おな》じ。家《いえ》のはかに、タクシーや駅《えき》、お店《みせ》などがその役割《やくわり》をしているよ。

こどもだけじゃなく、
女性《じょせい》や高齢者《こうれいしゃ》など、
いろんな人《ひと》が
逃《に》げこんでいいんだよ

タクシーこども110番《ばん》

タクシー
TAXI
こども
110番

こども110番《ばん》の駅《えき》

こども
110番
のえき

こども110番《ばん》の店《みせ》

きっさ店《てん》やそば屋《や》などの飲食店《いんしょくてん》のほか、塾《じゅく》、スポーツ用品店《ようひんてん》、不動産屋《ふどうさんや》、会社《かいしゃ》など、いろいろなところが協力《きょうりょく》しているよ。

問題《もんだい》16 こわい目《め》にあったときは、どうすればいい？

むずかしさ★★☆

A きちんと家《いえ》の人《ひと》に伝《つた》える

B 心配《しんぱい》かけないようにだまっておく

答《こた》え

A

きちんと家《いえ》の人《ひと》に伝《つた》える

伝《つた》えたほうが家《いえ》の人《ひと》も安心《あんしん》する

「変《へん》な人《ひと》に話《はな》しかけられた」「あやしい人《ひと》に追《お》いかけられた」など、こわい思《おも》いをしたときは、きちんと家《いえ》の人《ひと》に伝《つた》えよう。「心配《しんぱい》かけたくないから、伝《つた》えたくない」なんて考《かんが》える人《ひと》もいるかもしれないけど、それはまちがいだよ。なぜなら家《いえ》の人《ひと》は、こどもをあらゆる危険《きけん》から守《まも》りたいと思《おも》っているからね。

それに家《いえ》の人《ひと》に話《はなし》をすればその情報《じょうほう》が近所《きんじょ》に伝《つた》わり、ほかのこどもが同《おな》じ目《め》にあうのを防《ふせ》ぐこともできるよ。

クイズ深《ふか》掘《ぼ》り!

24時《じ》間《かん》子《こ》供《ども》SOS《エスオーエス》ダイヤル

0120-0-78310

こどもの人《じん》権《けん》110番《ばん》

0120-007-110

電話《でんわ》で話《はなし》をすることもできる

こわい思《おも》いをしたことを、どうしても家《いえ》の人《ひと》に話《はな》せないときは、学校《がっこう》や学童《がくどう》クラブの先生《せんせい》に話《はな》してもいいよ。もし、直《ちょく》接会《せつあ》って話《はな》すのがつらかったら、左《ひだり》の番《ばん》号《ごう》に電話《でんわ》をかけてもいい。専門《せんもん》の人《ひと》がいろいろな悩《なや》みの相談《そうだん》にのってくれるよ。おぼえておこう。

問題《もんだい》 17
こどもをねらう犯罪《はんざい》がおこりやすい時間《じかん》はいつかな？

むずかしさ★★★

A 午後《ごご》3時《じ》から午後《ごご》6時《じ》

B 午後《ごご》6時《じ》から午後《ごご》9時《じ》

答《こた》え

A

午後《ごご》3時《じ》から
午後《ごご》6時《じ》

こどもが1人《ひとり》でいる時間《じかん》がねらわれやすい

こどもをねらう犯罪《はんざい》がおこりやすいのは、午後《ごご》3時《じ》から午後《ごご》6時《じ》ごろ。この時間《じかん》は、学校帰《がっこうがえ》りや習《なら》い事《ごと》、外遊《そとあそ》びなどで、こどもが1人《ひとり》で出歩《である》くことが多《おお》いよ。悪《わる》い人《ひと》はそんなこどもをねらうから、この時間《じかん》に犯罪《はんざい》がおこりやすいんだ。おぼえておこう。

もちろん夜《よる》にも、こどもをねらった犯罪《はんざい》はおきているよ。暗《くら》い夜《よる》は昼間《ひるま》にくらべて、人目《ひとめ》につきにくいから、とても危険《きけん》。夜《よる》はなるべく出歩《である》かないようにしよう。

夕方《ゆうがた》1人《ひとり》で歩《ある》くときは
要注意《ようちゅうい》だ！

クイズ深《ふか》掘《ぼ》り！

朝《あさ》の登校時間《とうこうじかん》も犯罪《はんざい》が多《おお》い

こどもをねらった犯罪《はんざい》は朝《あさ》の7時《じ》から8時《じ》にもよくおきているよ。学校《がっこう》にいくとき、1人《ひとり》だと悪《わる》い人《ひと》にねらわれやすいから、友《とも》だちと登校《とうこう》するようにしよう。

朝《あさ》おきたばかりだと頭《あたま》がボーッとして用心《ようじん》を忘《わす》れてしまうから、早《はや》おきすることも大切《たいせつ》だよ。

エピローグ　防犯《ぼうはん》にやりすぎはない！

ひょっとしたら
ぼくのかんちがい
だったかも
しれないし…
いやいや
すぐに逃《に》げて
正解《せいかい》だって！
万《まん》が一《いち》って
ことも あるし…
とにかく無事《ぶじ》で
よかったわ
わたしなんてこわかったから
きのうは帰《かえ》り道《みち》も、留守番《るすばん》も
めちゃくちゃ用心《ようじん》したのよ！
キョロ キョロ
ピンポーン
ムシ ムシ
すぐにカギをしよう！
カチ
ただいまー！
それは
すごいねー
たしかに
防犯《ぼうはん》に
やりすぎは
ないかも！
そうよ！
もっと防犯《ぼうはん》について学《まな》んで
自分《じぶん》のことを守《まも》っていかなきゃ!!
オーッ!!

まとめて知《し》りたい！ 防犯《ぼうはん》のポイント

この本《ほん》を読《よ》んで、犯罪《はんざい》から身《み》を守《まも》るためには日《ひ》ごろの注意《ちゅうい》が大切《たいせつ》だってことがわかったかな？最後《さいご》に、注意《ちゅうい》するポイントをまとめたから、もう一度《いちど》よく確認《かくにん》しておこう。そして、学校《がっこう》のいき帰《かえ》りや留守番《るすばん》のときに思《おも》い出《だ》せるようにしようね。

あやしい人《ひと》の行動《こうどう》パターン

悪《わる》い人《ひと》は見《み》た目《め》ではわからないよ。でも、悪《わる》いことをする人《ひと》には、行動《こうどう》パターンに特徴《とくちょう》がある。だから、それをおぼえておけば、犯罪《はんざい》から自分《じぶん》を守《まも》ることができるよ。

こういう行動《こうどう》をする人《ひと》はあやしい

1人《ひとり》のときに声《こえ》をかけてくる

こどもが1人《ひとり》でいるときに声《こえ》をかけてくる人《ひと》は、悪《わる》いことをたくらんでいる可能性《かのうせい》が高《たか》いよ。相手《あいて》が1人《ひとり》のほうが悪《わる》いことをしやすいからね。こういう人《ひと》には注意《ちゅうい》しよう。

2人《ふたり》きりになりたがる

まわりに人《ひと》がいない場《ば》所《しょ》にこどもをさそって、2人《ふたり》きりになろうとする人《ひと》は要注意《ようちゅうい》。だれにも見《み》られない場所《ばしょ》で悪《わる》いことをするのが目的《もくてき》かもしれないよ。絶対《ぜったい》に断《ことわ》ろう。

車《くるま》のなかから声《こえ》をかけてくる

こどものそばで車《くるま》をとめて声《こえ》をかけてくる人《ひと》は、こどもを車《くるま》のなかに連《つ》れこもうとしているのかもしれないよ。もし声《こえ》をかけられたら、聞《き》こえないふりをして、無視《むし》しよう。

悪《わる》い人《ひと》の声《こえ》のかけ方《かた》

悪《わる》い人《ひと》がこどもに声《こえ》をかけるとき、その声《こえ》のかけ方《かた》にも特徴《とくちょう》があるよ。どれもこどもが気《き》をゆるしたり、あせったりしてしまうような方法《ほうほう》だから、だまされないようにしよう。

悪《わる》い人《ひと》はこんなふうに声《こえ》をかけてくる

こどもの好《す》きな話《はなし》をする

ゆだんさせるために「人気《にんき》のカードをあげる」とか「モデルにならない？」とか、こどもの好《す》きな話題《わだい》で声《こえ》をかけてくることがあるよ。自分《じぶん》の好《す》きな話《はなし》をされても、注意《ちゅうい》を忘《わす》れないようにしよう。

こまっているふりをする

悪《わる》い人《ひと》は、「道《みち》にまよった」「駅《えき》まで連《つ》れていって」など、こまっているふりをして声《こえ》をかけてくることもあるよ。そんなときは、助《たす》けてあげたい気《き》もちをおさえて、近《ちか》くのおとなにまかせよう。

親切《しんせつ》なふりをする

親切《しんせつ》なふりをして声《こえ》をかけてくるのも、悪《わる》い人《ひと》がよく使《つか》うやり方《かた》だよ。たとえこまったことがあったとしても、知《し》らない人《ひと》をたよってはダメ。家《いえ》の人《ひと》や知《し》っている人《ひと》をたよるようにしよう。

知《し》りあいのふりをする

悪《わる》い人《ひと》は、知《し》りあいのふりをして声《こえ》をかけてくることもあるよ。本当《ほんとう》に知《し》りあいなのか家《いえ》の人《ひと》に確認《かくにん》しよう。確認《かくにん》できないときは、「家《いえ》の人《ひと》に聞《き》いてみる」といって、その人《ひと》からはなれよう。

留守番《るすばん》をするときの注意点《ちゅういてん》

悪《わる》い人《ひと》に、家《いえ》に1人《ひとり》きりでいることを知《し》られると、ねらわれる可能性《かのうせい》があるよ。だから留守番中《るすばんちゅう》は、自分《じぶん》が留守番《るすばん》をしていることを悪《わる》い人《ひと》に気《き》づかせないことが重要《じゅうよう》だよ。

留守番《るすばん》で忘《わす》れずにすること

家《いえ》に入《はい》るときは「ただいま」をいう

家《いえ》の人《ひと》がいなくても、「ただいま」といいながら家《いえ》に入《はい》ろう。だまって入《はい》るところを悪《わる》い人《ひと》に見《み》られたら、1人《ひとり》で留守番《るすばん》することが、ばれるかもしれないよ。

ドアや窓《まど》に必《かなら》ずカギをかける

家《いえ》に入《はい》ったら、必《かなら》ずドアにカギをかけよう。ドアガードもかけておくほうがいいよ。窓《まど》にもきちんとカギをかけて、悪《わる》い人《ひと》がしのびこめないようにしよう。

インターホンや電話《でんわ》には出《で》ない

留守番中《るすばんちゅう》にインターホンや電話《でんわ》が鳴《な》っても、出《で》ないようにしよう。それらに出《で》ることで、相手《あいて》に留守番《るすばん》していることがばれるおそれもあるからね。

インターホンや電話《でんわ》に出《で》てしまったときは…

うっかりインターホンや電話《でんわ》に出《で》てしまったときは、家《いえ》の人《ひと》が留守《るす》なのはひみつにして、「今《いま》いそがしくて出《で》られない」といおう。

第《だい》2章《しょう》

お出《で》かけ・外《そと》遊《あそ》び

　公園《こうえん》へ遊《あそ》びに行《い》くユウトと、買《か》い物《もの》に出《で》かけるエマ。楽《たの》しい時間《じかん》をすごす2人《ふたり》に、あやしい影《かげ》がしのびよる!　かれらは無事帰宅《ぶじきたく》できるのか?

　みなさんもユウトとエマといっしょに、自分《じぶん》の身《み》を守《まも》る行動《こうどう》を考《かんが》えてみてね!

ユウト

外遊《そとあそ》びが好《す》きでこわいもの知《し》らずな男《おとこ》の子《こ》。

エマ

ユウトの同級生《どうきゅうせい》。好奇心《こうきしん》の強《つよ》い女《おんな》の子《こ》。

防犯《ぼうはん》について知《し》りつくしたサバイバルマスターがたいせつなアドバイスをしてくれるよ!

プロローグ 家《いえ》の外《そと》は危険《きけん》がいっぱい？

出《で》かけるときにはどこへいくのか伝《つた》える約束《やくそく》だったでしょ
はいはい わかってますよー
ちゃんと聞《き》いて! 危《あぶ》ない人《ひと》におそわれたりしたらたいへんなんだから!
わかったから 早《はや》くいかせてよ
ほんとにわかってるの!? 暗《くら》くなる前《まえ》に必《かなら》ず帰《かえ》ってきなさいね!!
クドクド
ムギュウウウ!
ほんとに気《き》をつけなさいよー!
いってきまーす!
ダッシュ!!

お母《かあ》さんてば いつもこうなんだから…
ユウトー!
ハァ ハァ…
あ、エマ!
どこいくの?
となり町《まち》の ショッピング モールよ
早《はや》めに帰《かえ》りなさいって お母《かあ》さんにいわれてるけど、見《み》たいお店《みせ》がいっぱい あるんだよなー
あー、うちの親《おや》もそう…
おそくなるなとか 車《くるま》に気《き》をつけろとか そんなことばっかりいってる
わかるー

もう小《ちい》さい こどもじゃないんだから そんなこと わかってるのにね
うふふ…
ユウトは いつもの 公園《こうえん》?
そうだよ 待《ま》ちあわせしてるんだ
は!
早《はや》くいかなきゃ
じゃあね! バイバーイ
またね!
さあて ぼくもいくかー!

問題《もんだい》
1

公園《こうえん》まで安全《あんぜん》にいくために、気《き》をつけなくてはいけない道《みち》は？

むずかしさ★★★

A 高架下《こうかした》の道《みち》

B 空《あ》き家《や》がある道《みち》

A～Dから正《ただ》しいものをすべて選《えら》んでね

C お店《みせ》がならぶ道《みち》

D ガードレールのない道《みち》

答《こた》え

A・B・D

高架下《こうかした》の道《みち》、空《あ》き家《や》がある道《みち》、ガードレールのない道《みち》

犯罪《はんざい》にあいそうな道《みち》に注意《ちゅうい》する

高架下《こうかした》の道《みち》は昼間《ひるま》でもうす暗《ぐら》く、人目《ひとめ》につきにくい。だから、犯罪《はんざい》にあいやすいよ。それに、なにか危険《きけん》な目《め》にあっても電車《でんしゃ》や車《くるま》の音《おと》のせいで、助《たす》けを呼《よ》ぶ声《こえ》が届《とど》かないことも多《おお》いんだ。空《あ》き家《や》は悪《わる》い人《ひと》にとって都合《つごう》のいい場所《ばしょ》。だれもいない家《いえ》に連《つ》れこまれて、こわい目《め》にあうおそれがあるよ。ガードレールのない道《みち》もやっぱり危険《きけん》。車《くるま》を使《つか》った犯罪《はんざい》にあいやすいんだ。

このような道《みち》を通《とお》るときはまわりに注意《ちゅうい》をはらおう。

どんな道《みち》に
注意《ちゅうい》すべきか
知《し》っておこう！

クイズ深《ふか》掘《ぼ》り！

安全《あんぜん》なのはどんな道《みち》？

安全《あんぜん》な道《みち》とは、「人通《ひとどお》りのある道《みち》」「外灯《がいとう》があって明《あか》るい道《みち》」「ガードレールのある道《みち》」などだよ。このような道《みち》は犯罪《はんざい》にあいにくいだけじゃなく、事故《じこ》にもあいにくいんだ。

家《いえ》の近所《きんじょ》でどこが安全《あんぜん》か家《いえ》の人《ひと》と話《はな》しあって、できるだけ安全《あんぜん》な道《みち》を歩《ある》こう。

いろいろある注意《ちゅうい》すべき道《みち》

注意《ちゅうい》が必要《ひつよう》な道《みち》は、64ページの道以《みちい》外《がい》にもいろいろあるよ。たとえば線路《せんろ》ぞいの道《みち》や、工事現場《こうじげんば》の近《ちか》くの道《みち》、住宅《じゅうたく》地《ち》の道《みち》などにも、気《き》をつけなくてはいけないんだ。近所《きんじょ》にそういう道《みち》がないか、確認《かくにん》しておくことも大切《たいせつ》だよ。

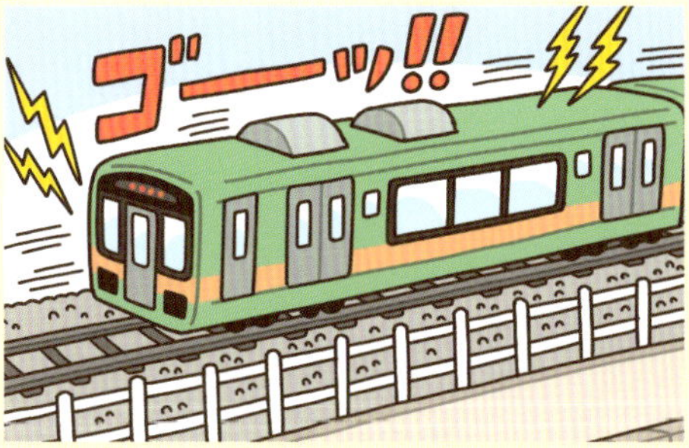

線路《せんろ》ぞいの道《みち》

電車《でんしゃ》が通《とお》るときに大《おお》きな音《おと》がするので、人《ひと》が近《ちか》づいてくる足音《あしおと》が聞《き》こえにくい。だから、とつぜん悪《わる》い人《ひと》におそわれてしまうことがあるよ。そして助《たす》けを呼《よ》んでも、まわりの人《ひと》に聞《き》こえないこともあるんだ。

工事現場《こうじげんば》の近《ちか》くの道《みち》

工事現場《こうじげんば》の近《ちか》くの道《みち》も、出入《ではい》りしている車《くるま》の音《おと》や工事《こうじ》の音《おと》でうるさいから、助《たす》けを呼《よ》ぶ声《こえ》が聞《き》こえにくいよ。とくに、交通誘《こうつうゆう》導《どう》をしている人《ひと》がいない場所《ばしょ》は、注意《ちゅうい》が必《ひつ》要《よう》だよ。

住宅地《じゅうたくち》の道《みち》

住宅地《じゅうたくち》には人《ひと》が住《す》んでいるから、そのあたりの道《みち》は安全《あんぜん》に思《おも》えるよね。でも、昼間《ひるま》は留守《るす》の家《いえ》もあるし、わき道《みち》に入《はい》ると、人通《ひとどお》りが少《すく》なかったり、へいが目《め》かくしになったりする道《みち》もあるから、注意《ちゅうい》が必要《ひつよう》だよ。

問題《もんだい》 2

道《みち》で人《ひと》とすれちがうとき、相手《あいて》のどこを見《み》ているといいの？

むずかしさ★★☆

A 手《て》

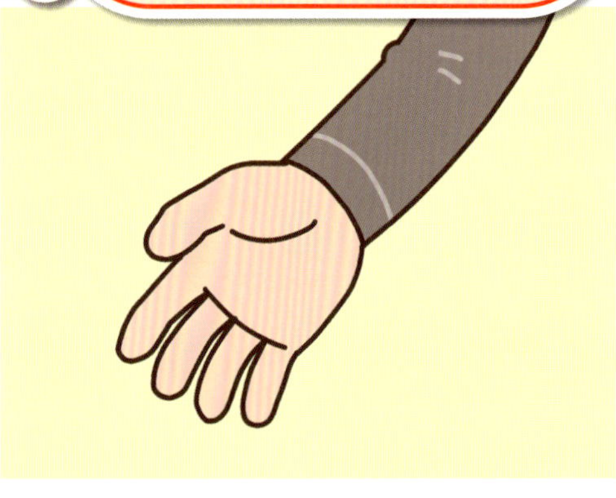

B 服装《ふくそう》

答《こた》え

A

手《て》

相手《あいて》の手先《てさき》を見《み》ていることが大事《だいじ》

人《ひと》とすれちがうときは、つい相手《あいて》の顔《かお》や服装《ふくそう》に気《き》をとられがちだけど、大事《だいじ》なのは相手《あいて》の手先《てさき》を見《み》ること。なぜなら、悪《わる》い人《ひと》は刃物《はもの》など危《あぶ》ない道具《どうぐ》をもっていることがあるからね。手先《てさき》を見《み》ていれば、そんな道具《どうぐ》をもっている人《ひと》に気《き》づくことができて、すばやく逃《に》げられるよ。

もし、ポケットなどに手《て》を入《い》れている人《ひと》がいたら要注意《ようちゅうい》。なにをもっているかわからないから、近《ちか》づかないようにしよう。

相手《あいて》の目《め》を見《み》るのも大事《だいじ》。変《へん》な感《かん》じがしたらはなれて歩《ある》こう!

クイズ深掘《ふかぼ》り!

角《かど》は外側《そとがわ》から大《おお》きく曲《ま》がる

道《みち》の角《かど》を曲《ま》がるとき、へいにそって小《ちい》さく曲《ま》がるのは危険《きけん》だよ。曲《ま》がった先《さき》で悪《わる》い人《ひと》が待《ま》ちぶせしていたとき、気《き》づくのがおくれるからね。大《おお》きく曲《ま》がれば、曲《ま》がった先《さき》が早《はや》めに見通《みとお》せるよ。だから、もし悪《わる》い人《ひと》がいても早《はや》く気《き》づけて、逃《に》げることができるんだ。

問題《もんだい》 3

公園《こうえん》で遊《あそ》ぶ場所《ばしょ》。安心《あんしん》なのはどっち？

むずかしさ★★★

A 木《き》がしげった場所《ばしょ》

B 見《み》晴《は》らしのいい場所《ばしょ》

答《こた》え

B

見《み》晴《は》らしのいい場所《ばしょ》

木《き》がしげっている場所《ばしょ》は危険《きけん》

身近《みぢか》な公園《こうえん》は安全《あんぜん》な場所《ばしょ》のように思《おも》えるけれど、じつはそんなことはないよ。公園《こうえん》はだれでも入《はい》れるから、悪《わる》い人《ひと》も入《はい》りやすく、こどもをねらった犯罪《はんざい》もおきやすいんだ。とくに木《き》がしげっている場所《ばしょ》には注意《ちゅうい》が必要《ひつよう》だよ。悪《わる》い人《ひと》がかくれているかもしれないし、犯罪《はんざい》にあったときも、まわりの人《ひと》に気《き》づいてもらいにくいからね。

遊《あそ》ぶのはまわりからよく見《み》える見晴《みは》らしのいい場所《ばしょ》にしよう。

かくれんぼをしやすい場所《ばしょ》には、悪《わる》い人《ひと》がかくれているかも

クイズ深掘《ふかぼ》り!

落書《らくが》きやゴミにも注意《ちゅうい》

公園《こうえん》には、落書《らくが》きをされていたり、ゴミがたくさんすてられていたりする場所《ばしょ》もあるよね。そんな場所《ばしょ》は、きちんと管理《かんり》されていないから、悪《わる》い人《ひと》にとって犯罪《はんざい》をするのに都合《つごう》がいいんだ。

もし、そういう場所《ばしょ》を見《み》かけたら、近《ちか》づかないようにしよう。

問題《もんだい》 4 知《し》らない人《ひと》が「写真《しゃしん》をとらせて」っていってきた。どうしよう？

むずかしさ★☆☆

A とらせてあげる

B とらせない

答《こた》え B

とらせない

撮影《さつえい》のときにこわい目《め》にあうことも

写真《しゃしん》をとってもらうと、うれしい気《き》もちになるよね。でも、知《し》らない人《ひと》にとらせるのはとても危険《きけん》だよ。どんな写真《しゃしん》をとられるかわからないし、写真《しゃしん》をとるときにこわい目《め》にあうかもしれない。それにとった写真《しゃしん》を悪《わる》いことに使《つか》われるおそれもあるんだ。だから、知《し》らない人《ひと》に写真《しゃしん》をとらせるのは絶対《ぜったい》にダメ。お金《かね》をあげるといわれても、きっぱり断《ことわ》ろう。写真《しゃしん》は家《いえ》の人《ひと》やよく知《し》っている人《ひと》だけにとってもらおうね。

写真《しゃしん》をとるふりをして、悪《わる》いことをする人《ひと》もいるよ

クイズ深《ふか》掘《ぼ》り！

モデルのさそいにも要注意《ようちゅうい》

悪《わる》い人《ひと》は「モデルにならない？」と声《こえ》をかけてくることもあるよ。モデルはかっこいいから、なりたいと思《おも》うかもしれないね。でもそのことばを信《しん》じてついていくと、ゆうかいされたり、こわいことをされたりすることもある。そんなさそいにあったら、まずは家《いえ》の人《ひと》に相談《そうだん》しよう。

問題《もんだい》 5

遊《あそ》んでいたら、トイレにいきたくなった。どうしよう？

むずかしさ★★☆

A 公園《こうえん》のトイレにいく

B 近《ちか》くのコンビニのトイレにいく

答《こた》え B

近《ちか》くのコンビニのトイレにいく

公園《こうえん》のトイレはできるだけさけよう

公園《こうえん》のなかでも、トイレはとくに犯罪《はんざい》にあいやすい場《ば》所《しょ》だといわれているよ。トイレの個室《こしつ》にかくれていた悪《わる》い人《ひと》が、トイレにやってきたこどもをおそう犯罪《はんざい》がおこっているんだ。だから、できるだけ公園《こうえん》のトイレは使《つか》わないようにしよう。

近《ちか》くにコンビニがあれば、そこのトイレをかりるのが一番《いちばん》。コンビニにはお店《みせ》の人《ひと》がいるし、トイレのそばには、防犯《ぼうはん》カメラがついていることも多《おお》いから安心《あんしん》だよ。

かりるときはお店《みせ》の人《ひと》にきちんとお願《ねが》いしよう！

クイズ深《ふか》掘《ぼ》り！

公園《こうえん》のトイレは1人《ひとり》で使《つか》わない

近《ちか》くにコンビニがなくて、公園《こうえん》のトイレを使《つか》わなければならないときは、友《とも》だちにもついてきてもらおう。こどもの数《かず》が多《おお》ければ、悪《わる》い人《ひと》も近《ちか》づきにくくなるからね。

トイレに入《はい》るときはまわりをよく見《み》て、あやしい人《ひと》がいないか確認《かくにん》しよう。

問題《もんだい》6

駅《えき》のエスカレーター。利用《りよう》するときにやるべきことって？

むずかしさ★★☆

A 後《うし》ろをふり返《かえ》る

B 早足《はやあし》でのぼる

答《こた》え A

後《うし》ろをふり返《かえ》る

盗撮《とうさつ》されないように後《うし》ろに注意《ちゅうい》する

駅《えき》のエスカレーターや階段《かいだん》では、悪《わる》い人《ひと》が下着《したぎ》などを写真《しゃしん》にとろうとして、後《うし》ろから盗撮《とうさつ》してくることがあるよ。それを防《ふせ》ぐための方法《ほうほう》で一番《いちばん》かんたんなのは、ときどき後《うし》ろをふり返《かえ》ること。そうしておけば、悪《わる》い人《ひと》も見《み》つかるのをおそれて、盗撮《とうさつ》しなくなる。大事《だいじ》なのは、すきを見《み》せないことなんだ。

盗撮《とうさつ》は、女《おんな》の子《こ》でも男《おとこ》の子《こ》でも被害者《ひがいしゃ》になる可能性《かのうせい》があるよ。ひとごとではないと、考《かんが》えておこう。

すきを見《み》せない行動《こうどう》で自分《じぶん》を守《まも》ろう!

クイズ深掘《ふかぼ》り!

盗撮《とうさつ》の危険《きけん》がある場所《ばしょ》

エスカレーターのほかにも、団地《だんち》や公《こう》園《えん》、学校《がっこう》のまわりなど、こどもの多《おお》い場所《ばしょ》は盗撮《とうさつ》がおきやすいよ。また、プールや銭湯《せんとう》など衣服《いふく》をぬぐところは、とくに盗《とう》撮《さつ》する人《ひと》があらわれやすい。こういう場《ば》所《しょ》では、近《ちか》くにカメラやスマホをかまえたあやしい人《ひと》がいないか確認《かくにん》しよう。

問題《もんだい》

7

電車《でんしゃ》に乗《の》るとき、さけたほうがいい場所《ばしょ》はどっち？

むずかしさ ★★☆

A 入《い》り口《ぐち》のドアのあたり

B 車両《しゃりょう》のおくまったところ

答《こた》え B

車両《しゃりょう》のおくまったところ

電車《でんしゃ》のおくは逃《に》げづらい

電車《でんしゃ》のなかでは、こわい目《め》にあったとき、すぐ逃《に》げられる場所《ばしょ》にいることが大事《だいじ》だよ。

車両《しゃりょう》のおくまったところは入《い》り口《ぐち》から遠《とお》いから、なにかあったとき、逃《に》げるのに時間《じかん》がかかってしまう。それに混雑《こんざつ》しているときは、まわりの人《ひと》に気《き》づいてもらえないこともあるんだ。入《い》り口《ぐち》のドアの近《ちか》くにいれば、なにかあってもすぐにつぎの駅《えき》で降《お》りることができるから、安心《あんしん》だよ。

つぎの駅《えき》でどちら側《がわ》のドアが開《ひら》くのか確認《かくにん》しておこう！

クイズ深掘《ふかぼ》り！

バスでもおくの座席《ざせき》はさける

バスのなかでも、おくの座席《ざせき》にすわるのはやめておこう。おくの座席《ざせき》だと運転《うんてん》手《しゅ》さんから見《み》えづらいし、ほかのお客《きゃく》さんからも気《き》づかれにくい。だから悪《わる》い人《ひと》にねらわれやすいんだ。

バスでは、できるだけ入《い》り口《ぐち》や運転手《うんてんしゅ》さんの近《ちか》くにすわるようにしよう。

問題《もんだい》
8

ショッピングモールで注意《ちゅうい》したほうがいい場所《ばしょ》はどこ？

むずかしさ★★★

A 階段《かいだん》

B 駐車場《ちゅうしゃじょう》

C イベント会場《かいじょう》

A～Fから正《ただ》しいものをすべて選《えら》んでね

D ゲームコーナー

E お店《みせ》

F 入《い》り口《ぐち》

答《こた》え A・B・C・D

階段《かいだん》、駐車場《ちゅうしゃじょう》、イベント会場《かいじょう》、ゲームコーナー

人《ひと》が多《おお》い場所《ばしょ》も少《すく》ない場所《ばしょ》も注意《ちゅうい》する

ショッピングモールやデパートなどの商業施設《しょうぎょうしせつ》の階段《かいだん》には、あまり使《つか》われていないところもある。そこは人《ひと》がいないから、じつは犯罪《はんざい》にあいやすい場所《ばしょ》だよ。駐車場《ちゅうしゃじょう》は、車《くるま》のかげで、まわりから見《み》えにくいし、車《くるま》に連《つ》れこまれる危険《きけん》もあるよ。

イベント会場《かいじょう》やゲームコーナーは、人《ひと》が大勢《おおぜい》いて安全《あんぜん》に思《おも》えるね。でも、みんなイベントやゲームに夢中《むちゅう》だから、犯罪《はんざい》にあったとき気《き》づかれにくい場所《ばしょ》なんだ。

人《ひと》が多《おお》い場所《ばしょ》にも、悪《わる》い人《ひと》はあらわれるよ

クイズ深《ふか》掘《ぼ》り!

買《か》いもの中《ちゅう》もねらわれやすい

買《か》いもの中《ちゅう》は、つい夢中《むちゅう》になってしまって、まわりのようすが目《め》に入《はい》らなくなりがち。そして、そんな状態《じょうたい》はとても危険《きけん》なんだ。なぜなら悪《わる》い人《ひと》にねらわれて、スリや置《お》き引《び》きなどの被害《ひがい》にあいやすくなるからね。

買《か》いもの中《ちゅう》も、まわりに気《き》をつけよう。

人《ひと》が多《おお》いところは危険《きけん》

人《ひと》が大勢《おおぜい》集《あつ》まる場所《ばしょ》には、自然《しぜん》と悪《わる》い人《ひと》も集《あつ》まるよ。そして、そういう場所《ばしょ》は遊園地《ゆうえんち》やお祭《まつ》りなど、楽《たの》しいところが多《おお》いから、悪《わる》い人《ひと》がいるかもしれないってことをつい忘《わす》れてしまう。どんなに楽《たの》しくても注意《ちゅうい》を忘《わす》れないようにしよう。

遊園地《ゆうえんち》

人《ひと》が多《おお》く、迷子《まいご》になりやすい場所《ばしょ》。家族《かぞく》や友《とも》だちとはぐれて1人《ひとり》になったときに、悪《わる》い人《ひと》にねらわれやすくなるよ。

プール

水着《みずぎ》すがたを盗撮《とうさつ》しようとする悪《わる》い人《ひと》があらわれやすいよ。あやしい人《ひと》がいたら、家族《かぞく》や係《かかり》の人《ひと》に伝《つた》えよう。

花火大会《はなびたいかい》

花火中《はなびちゅう》はまわりに注意《ちゅうい》が向《む》かなくなるし、夜《よる》の暗《くら》さも悪《わる》いことをするのに都合《つごう》がいいから、犯罪《はんざい》がおきやすいよ。

お祭《まつ》り会場《かいじょう》

混雑《こんざつ》していて人《ひと》と接《せっ》することが多《おお》いから、スリなどの犯罪《はんざい》がおきやすいよ。からだをさわる犯罪《はんざい》もよくおこるよ。

問題《もんだい》 9

ショッピングモールでトイレにいくときは、どのトイレを使《つか》うのがいいの？

むずかしさ★★☆

A 一番《いちばん》手前《てまえ》のトイレ

B 一番《いちばん》おくのトイレ

答《こた》え

A

一番手前《いちばんてまえ》のトイレ

出《で》入《い》り口《ぐち》に近《ちか》いトイレを使《つか》おう

ショッピングモールのトイレは、明《あか》るくてお客《きゃく》さんもよく使《つか》うから安全《あんぜん》に見《み》えるよね。でも、そんなトイレでもやっぱり危険《きけん》。盗撮《とうさつ》されるおそれはあるし、個室《こしつ》にひそんだ悪《わる》い人《ひと》が、犯罪《はんざい》をするタイミングをねらっている可能性《かのうせい》もあるんだ。

だからトイレを使《つか》うときは、できるだけ出《で》入《い》り口《ぐち》に近《ちか》いトイレを選《えら》ぼう。そこならなにかあってもすぐに逃《に》げられるし、助《たす》けを呼《よ》ぶ声《こえ》も外《そと》に聞《き》こえやすいからね。

手前《てまえ》のトイレが使用中《しようちゅう》のときは、あくまで待《ま》とう!

クイズ深掘《ふかぼ》り!

使用中《しようちゅう》のトイレに注意《ちゅうい》

使用中《しようちゅう》のトイレがあったら、そのとなりのトイレはできるだけ使《つか》わないようにしよう。もし使用中《しようちゅう》のトイレに悪《わる》い人《ひと》がひそんでいたら、かべの上《うえ》のすき間《ま》からのぞかれたり盗撮《とうさつ》されたりするかもしれない。それだけじゃなく、上《うえ》から入《はい》ってきて、おそわれるおそれもあるんだよ。

問題《もんだい》10

帰《かえ》りがおそくなっても、自転車《じてんしゃ》だったら安全《あんぜん》かな？

むずかしさ★★☆

A 安全《あんぜん》

B 安全《あんぜん》とはいえない

答《こた》え

B

安全《あんぜん》とはいえない

自転車《じてんしゃ》でも夜《よる》の道《みち》は危険《きけん》

「悪《わる》い人《ひと》がおそってきても、自転車《じてんしゃ》ならすぐ逃《に》げられるから安全《あんぜん》だ」なんて思《おも》っていると、危険《きけん》な目《め》にあうかもしれないよ。なぜなら、自転車《じてんしゃ》は意外《いがい》とかんたんに止《と》めたりひっくり返《かえ》したりできるからね。悪《わる》い人《ひと》におそわれたら、ひとたまりもないよ。

歩《ある》いていても、自転車《じてんしゃ》に乗《の》っていても、夜《よる》の道《みち》が危《あぶ》ないのは同《おな》じ。だから自転車《じてんしゃ》で出《で》かけたときでも、暗《くら》くなる前《まえ》には必《かなら》ず家《いえ》に帰《かえ》るようにしよう。

自転車《じてんしゃ》でも悪《わる》い人《ひと》からは逃《に》げられないよ

クイズ深掘《ふかぼ》り！

自転車《じてんしゃ》のほうが危険《きけん》なことも

自転車《じてんしゃ》に乗《の》って、悪《わる》い人《ひと》から逃《に》げようとすると、交通事故《こうつうじこ》にあう危険《きけん》も高《たか》くなるよ。逃《に》げるときは緊張《きんちょう》のあまり、スピードを出《だ》しすぎたり、まわりが見《み》えなくなったりするからね。

自転車《じてんしゃ》には、そういう危険《きけん》があることも、おぼえておこう。

問《もん》題《だい》 11

家《いえ》に帰《かえ》るのがおそくなっちゃった。どんな道《みち》で帰《かえ》るのがいい？

むずかしさ★★★

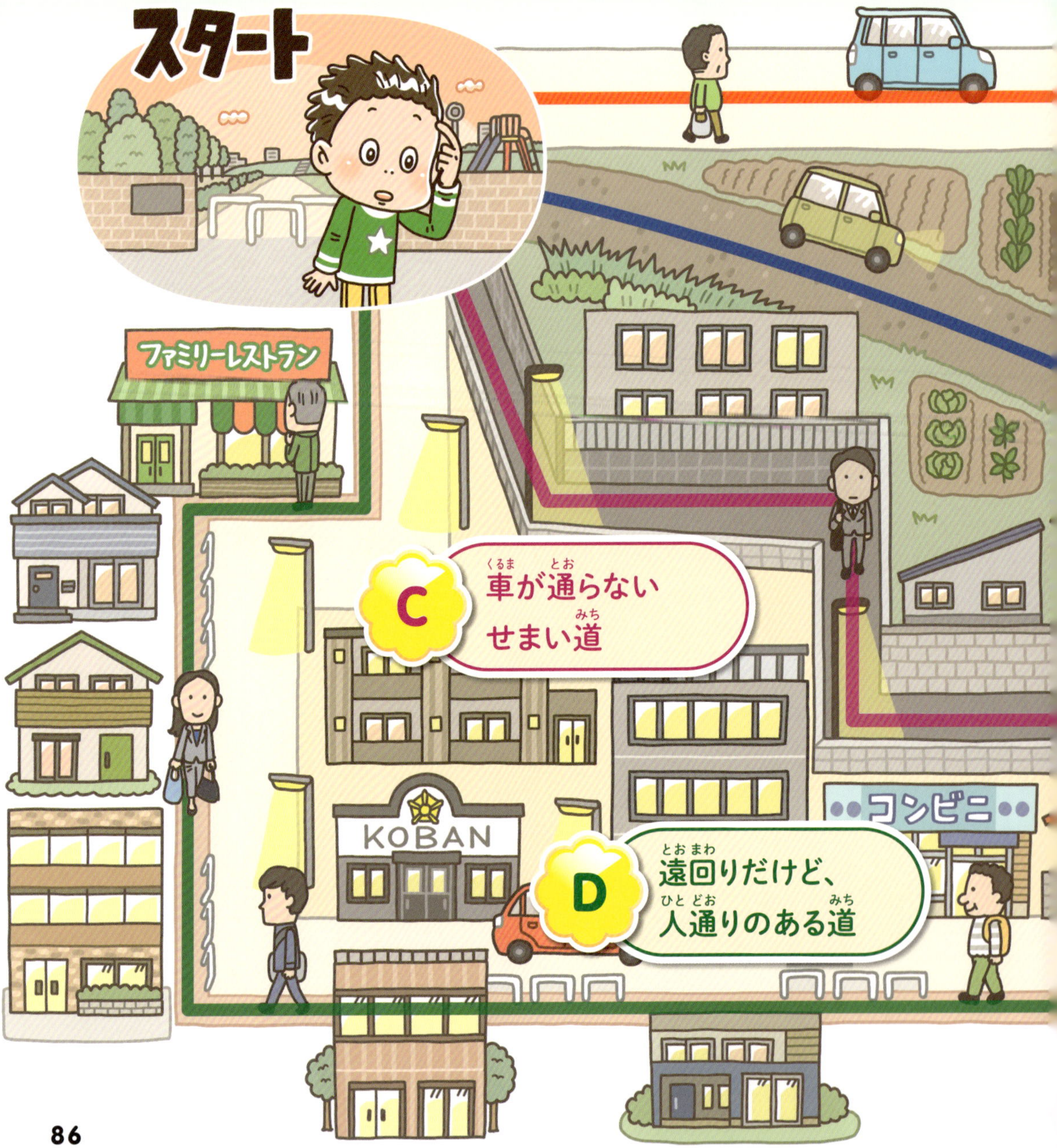

A~Dから正《ただ》しいものを1つ選《えら》んでね

A 明《あか》るくて、お店《みせ》がたくさんある道《みち》

B 暗《くら》いけど、家《いえ》まで近《ちか》い道《みち》

答《こた》え

D

遠《とお》回《まわ》りだけど、人《ひと》通《どお》りのある道《みち》

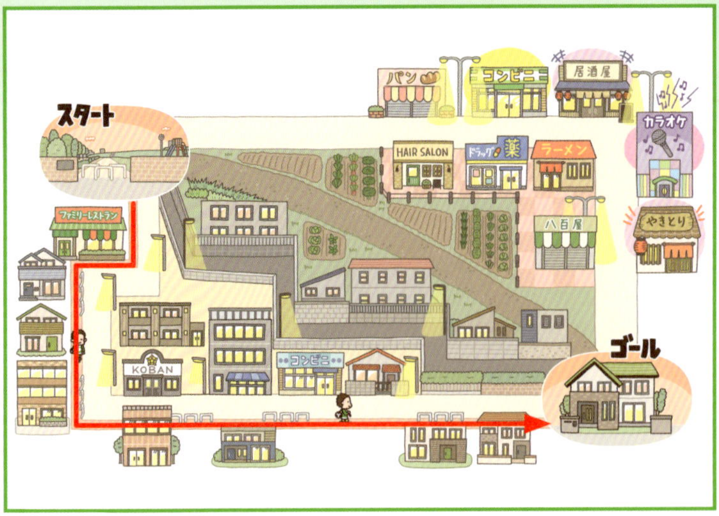

近《ちか》くても危険《きけん》な道《みち》はさけよう

Aのようにお店《みせ》がたくさんある道《みち》は、暗《くら》くなると昼間《ひるま》とはようすがちがってくるよ。いろんなこわい人《ひと》が出《で》てくるから、犯罪《はんざい》にまきこまれるおそれがあるんだ。Bのような暗《くら》い道《みち》は、悪《わる》い人《ひと》がいても気《き》づきにくいから危険《きけん》。いくら家《いえ》まで近《ちか》くても使《つか》ってはダメだよ。Cのような車《くるま》が通《とお》らないせまい道《みち》は、人《ひと》けが少《すく》ないから、なにかあったとき助《たす》けてもらえないよ。Dは明《あか》るくて人通《ひとどお》りもあるから安心《あんしん》。遠回《とおまわ》りでもこんな道《みち》で帰《かえ》ろう。

おそくなると、危険《きけん》な道《みち》が増《ふ》えるよ

クイズ深掘《ふかぼ》り！

むかえにきてもらうのが安全《あんぜん》

暗《くら》くなると、人《ひと》の目《め》につきにくくなるから、悪《わる》い人《ひと》が犯罪《はんざい》をするのに都合《つごう》がよくなるよ。だから、1人《ひとり》で行動《こうどう》するのはさけたほうがいいんだ。

もし、習《なら》いごとなどで、家《いえ》に帰《かえ》る時間《じかん》がおそくなってしまったら、家《いえ》の人《ひと》にむかえにきてもらうようにしよう。

昼《ひる》と夜《よる》でようすが変《か》わる場所《ばしょ》

よく知《し》っている場所《ばしょ》でも、時間《じかん》が変《か》わるとまったくちがうようすになることがあるよ。昼間《ひるま》は安全《あんぜん》だった場所《ばしょ》が、夜《よる》は危険《きけん》な場所《ばしょ》になることもあるんだ。自分《じぶん》の身《み》のまわりの場所《ばしょ》が、昼《ひる》と夜《よる》でどのように変《か》わるのか、知《し》っておこう。

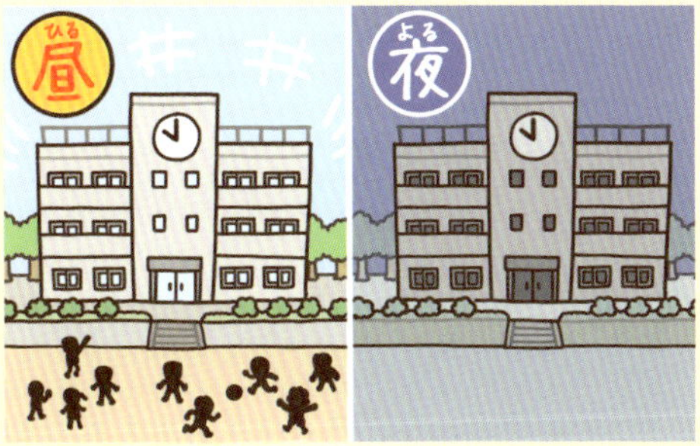

学校《がっこう》

毎日《まいにち》いく学校《がっこう》は、昼間《ひるま》は児童《じどう》や先生《せんせい》がいてにぎやかだけれど、放課後《ほうかご》、暗《くら》くなってくると、人《ひと》がいなくなりひっそりとしているよ。おそくまで残《のこ》ったときなどは、学校《がっこう》でも注意《ちゅうい》しておこう。

公園《こうえん》

昼間《ひるま》、こどもたちが遊《あそ》んでいる公園《こうえん》も、夜《よる》はしずか。外灯《がいとう》のない場所《ばしょ》や木《き》のしげみなどは、悪《わる》い人《ひと》がかくれたり、こどもを連《つ》れこんだりしやすい場所《ばしょ》になってしまうよ。夜《よる》は絶対《ぜったい》にいかないでね。

商店街《しょうてんがい》

商店街《しょうてんがい》は、昼《ひる》と夜《よる》とで開《あ》いている店《みせ》がちがうから、ようすも変《か》わってくるよ。昼《ひる》に開《あ》けていた店《みせ》が閉《し》まっている分《ぶん》、人《ひと》は少《すく》なくなる。そのいっぽうで、よっぱらいや不《ふ》良《りょう》など、こわい人《ひと》がいることもあるよ。

問《もん》題《だい》 12

やさしそうなお姉《ねえ》さんが車《くるま》から声《こえ》をかけてきた。どうする？

むずかしさ★★☆

A 話《はなし》をするために車《くるま》に近《ちか》づく

B 聞《き》こえないふりをする

答《こた》え

B

聞《き》こえないふりをする

車《くるま》から声《こえ》をかけてくる人《ひと》は要注意《ようちゅうい》

いくらやさしそうに見《み》えても、知《し》らない人《ひと》が車《くるま》から声《こえ》をかけてきたら、絶対《ぜったい》に近《ちか》づいてはいけないよ。悪《わる》い人《ひと》が車《くるま》のなかに連《つ》れこむために、話《はな》しかけている可能性《かのうせい》があるからね。もし、車《くるま》のなかに連《つ》れこまれてしまったら、あっという間《ま》に、遠《とお》くまで連《つ》れていかれて、逃《に》げだすのがむずかしくなってしまう。

自分《じぶん》の身《み》を守《まも》るために、なにをいわれても聞《き》こえないふりをして、通《とお》りすぎるようにしよう。

おとなが知《し》らないこどもに
車《くるま》から声《こえ》をかけるなんて、
ふつうはしないよ

クイズ深《ふか》掘《ぼ》り!

車《くるま》は犯罪《はんざい》に使《つか》われやすい

車《くるま》は「すぐに遠《とお》くへ連《つ》れさることができる」以外《いがい》にも、「車内《しゃない》のようすが見《み》えにくい」「ドアにロックをかければ逃《に》げられない」など、悪《わる》いことをする人《ひと》にとって、都合《つごう》のいいことが多《おお》い。だから犯罪《はんざい》に車《くるま》が使《つか》われることはとても多《おお》いんだ。

車《くるま》にはよく注意《ちゅうい》するようにしよう。

問題《もんだい》 13

犯罪《はんざい》に使《つか》われやすい車《くるま》ってどんな車《くるま》かな？

むずかしさ★★★

A 軽自動車《けいじどうしゃ》

B ワンボックスカー

A～Dから正《ただ》しいものをすべて選《えら》んでね

C 窓《まど》にスモークフィルムがはってある車《くるま》

D 荷台《にだい》のある車《くるま》

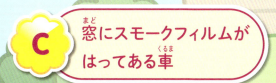

答《こた》え

B・C

ワンボックスカー、窓《まど》にスモークフィルムがはってある車《くるま》

犯罪《はんざい》に使《つか》われやすい車《くるま》の特徴《とくちょう》

ワンボックスカーは、ドアがスライド式《しき》で大《おお》きく開《ひら》くから、ねらった相手《あいて》にギリギリまで近《ちか》づけるうえ、車内《しゃない》に連《つ》れこみやすいよ。それに座席《どせき》の数《かず》も多《おお》いから、悪《わる》い人《ひと》がたくさん乗《の》っている可能性《かのうせい》があるよ。窓《まど》にスモークフィルムがはってある車《くるま》は、外《そと》からなかのようすが見《み》えない。だから、なかでなにをしているのかわからないよ。

こういう車《くるま》は、悪《わる》いことに使《つか》われることが多《おお》いから、見《み》かけたらとくに注意《ちゅうい》するようにしよう。

どんな車《くるま》に注意《ちゅうい》すべきか知《し》っておこう！

クイズ深掘《ふかぼ》り！

見《み》られてる…

ドライバーの視線《しせん》にも注意《ちゅうい》

車《くるま》を使《つか》った犯罪《はんざい》にあわないためには、運転手《うんてんしゅ》や乗《の》っている人《ひと》の視線《しせん》に注意《ちゅうい》することも大切《たいせつ》だよ。近《ちか》くにいる車《くるま》に乗《の》っている人《ひと》が、自分《じぶん》のことを見《み》ているような気《き》がしたら、急《いそ》いで車《くるま》からはなれよう。連《つ》れさろうと考《かんが》えてこっちを見《み》ているのかもしれないよ。

こんな車《くるま》にも注意《ちゅうい》しよう

気《き》をつけたほうがいい車《くるま》は、見《み》た目《め》だけじゃなく、車《くるま》の動《うご》き方《かた》でもわかるよ。あやしい車《くるま》には動《うご》き方《かた》に特徴《とくちょう》があるんだ。ここで紹介《しょうかい》するような動《うご》き方《かた》をしていたら、乗《の》っている人《ひと》が悪《わる》いことをしようとしているのかもしれない。注意《ちゅうい》しよう。

エンジンをかけて止《と》まっている車《くるま》

エンジンをかけたまま止《と》まっている車《くるま》は、すぐに逃《に》げられるように準備《じゅんび》をしているのかもしれない。そんな車《くるま》に乗《の》せられたら、助《たす》けを呼《よ》ぶひまもなく連《つ》れさられてしまうよ。近《ちか》づかないようにしよう。

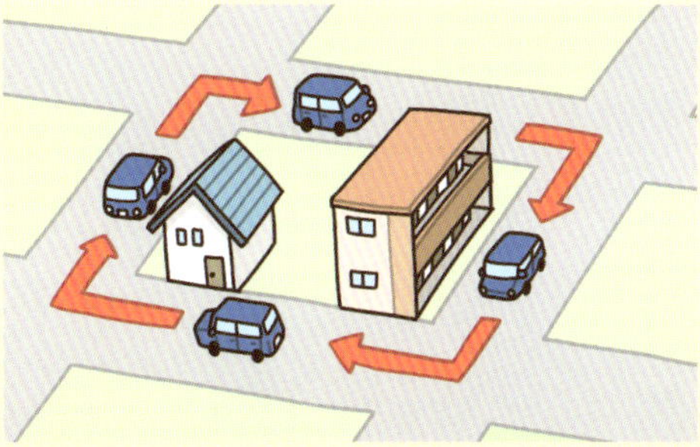

同《おな》じ道《みち》をぐるぐる回《まわ》っている車《くるま》

「さっき見《み》かけた車《くるま》がまた走《はし》ってきた」なんて思《おも》ったことはないかな。同《おな》じ道《みち》をぐるぐる回《まわ》っている車《くるま》は、連《つ》れさるこどもをさがしているのかもしれない。見《み》かけたら、ちがう道《みち》を歩《ある》くようにしよう。

ゆっくり進《すす》んでいる車《くるま》

ゆっくり進《すす》んでいる車《くるま》は、乗《の》っている人《ひと》が、こどもをおそうタイミングを見《み》はからっているのかもしれないよ。そんな車《くるま》を見《み》かけたら要注意《ようちゅうい》。すぐにその道《みち》からはなれるようにしよう。

問題《もんだい》 14

あやしい車《くるま》が追《お》いかけてきた！
どっちに逃《に》げる？

むずかしさ★★☆

A 車《くるま》が進《すす》む方向《ほうこう》へ逃《に》げる

B 車《くるま》が進《すす》む方向《ほうこう》とは反対《はんたい》へ逃《に》げる

答え《こた》

B

車《くるま》が進《すす》む方向《ほうこう》とは反対《はんたい》へ逃《に》げる

車《くるま》と同《おな》じ方向《ほうこう》に逃《に》げるのは危険《きけん》

あやしい車《くるま》が追《お》いかけてきたら、車《くるま》が進《すす》む方向《ほうこう》に逃《に》げてはいけないよ。そのまま追《お》いかけられてしまうからね。そして、どんなに速《はや》く走《はし》って逃《に》げたとしても、車《くるま》のスピードにはかなわないから、すぐに追《お》いつかれて、つかまってしまうよ。

車《くるま》から逃《に》げるときは、必《かなら》ず車《くるま》とは反対《はんたい》の方向《ほうこう》へ逃《に》げよう。車《くるま》は急《きゅう》に向《む》きを変《か》えられないから、反対向《はんたいむ》きに逃《に》げれば、追《お》いかけてこられなくなるんだよ。

車《くるま》に追《お》いかけられたら、回《まわ》れ右《みぎ》をして逃《に》げよう！

クイズ深掘《ふかぼ》り！

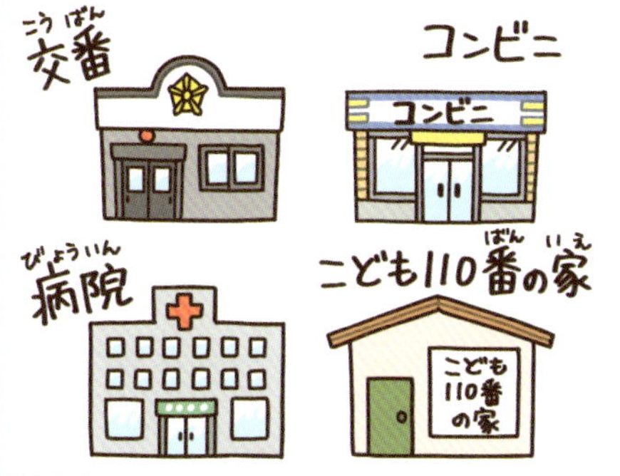

おとなのいる場所《ばしょ》に逃《に》げこもう

反対向《はんたいむ》きに逃《に》げた後《あと》は、おとなのいる安全《あんぜん》な場所《ばしょ》に逃《に》げこもう。おまわりさんのいる交番《こうばん》やコンビニ、病院《びょういん》などが安全《あんぜん》だよ。こどもが危《あぶ》ない目《め》にあったときにかくまってくれる「こども110番《ばん》の家《いえ》」があれば、そこに逃《に》げこんでもいいんだ。近所《きんじょ》にないか、さがしておこう。

問題《もんだい》
15

悪《わる》い人《ひと》がおそってきた！どうしよう？

むずかしさ ★★☆

A 「助《たす》けて！」とさけぶ

B 「キャー！」とさけぶ

答《こた》え

A

「助《たす》けて!」とさけぶ

助《たす》けを呼《よ》ぶときは、特徴《とくちょう》や名前《なまえ》もつけ足《た》す

悪《わる》い人《ひと》がおそってきたときは、しっかり「助《たす》けて！」とさけぼう。「キャー！」と悲鳴《ひめい》をあげるだけでは、遊《あそ》んでいると思《おも》われて、だれも助《たす》けにきてくれないかもしれないからね。助《たす》けを呼《よ》ぶときは、「そこのスーツの人《ひと》！」など近《ちか》くにいる人《ひと》の特徴《とくちょう》をいうのも大事《だいじ》。よりしんけんに聞《き》いてもらえるよ。近《ちか》くにだれもいなくても「田中《たなか》さん、助《たす》けて！」と名前《なまえ》を呼《よ》べば、悪《わる》い人《ひと》に知《し》りあいがそばにいると思《おも》わせることができるよ。

うその名前《なまえ》でも、知《し》りあいだと思《おも》って悪《わる》い人《ひと》がひるむよ

クイズ深《ふか》掘《ぼ》り！

「こわい」と感《かん》じたらすぐ逃《に》げる

知《し》らない人《ひと》が急《きゅう》に近《ちか》づいてきたり、手《て》をつかもうとしてきたりして、少《すこ》しでも「こわい」「おかしい」と感《かん》じたら、すぐに逃《に》げよう。「もし悪《わる》い人《ひと》じゃなかったら気《き》を悪《わる》くするかな」なんて考《かんが》える必要《ひつよう》はないよ。たとえまちがいだったとしても、おこる人《ひと》はいないからね。

問題《もんだい》
16

悪《わる》い人《ひと》につかまりそうになった！
どうしよう？

むずかしさ★★★

A しゃがんでから逃《に》げる

B 相手《あいて》をおしてから逃《に》げる

答《こた》え

A

しゃがんでから逃《に》げる

相手《あいて》の目《め》をくらませてから逃《に》げよう

悪《わる》い人《ひと》につかまりそうになったときは、相手《あいて》の目《め》をくらませて、逃《に》げるチャンスをつくろう。そのためには、まず、地面《じめん》に手《て》がつくくらい低《ひく》くしゃがむんだ。すると、悪《わる》い人《ひと》はきみを見失《みうしな》う。そのすきに、すばやくからだの向《む》きを変《か》えて逃《に》げるんだよ。

相手《あいて》がきみを見失《みうしな》うのはほんの一瞬《いっしゅん》だから、そのチャンスを逃《のが》さないことが大事《だいじ》なんだ。しゃがみ方《かた》が足《た》りないと失敗《しっぱい》するから、ふだんから練習《れんしゅう》しておこう。

地面《じめん》にタッチしてから逃《に》げる「タッチ&《アンド》ゴー」だ!

クイズ深掘《ふかぼ》り!

いざとなったら「手足《てあし》バタバタ」

これ以上《いじょう》逃《に》げられないところまで追《お》いつめられたら、地面《じめん》にねころがって、手《て》足《あし》をバタバタさせよう。そして、悪《わる》い人《ひと》の手《て》や足《あし》をけるんだ。悪《わる》い人《ひと》が頭《あたま》のほうにきたら、ねころがったままからだの向《む》きを変《か》えてバタバタこうげきを続《つづ》けよう。その間《あいだ》も大声《おおごえ》で助《たす》けを呼《よ》び続《つづ》けてね。

エピローグ 悪《わる》い人《ひと》ばかりじゃない！

こわかったけど ちゃんと味方《みかた》になってくれる 人《ひと》たちがたくさんいるって わかったのはよかったかな
それに こわい目《め》にあわないよう まずは自分《じぶん》が気《き》をつけておかなきゃ いけないってことも学《まな》べたよ
てへっ!!
ユウト変《か》わったね なんか頼《たの》もしくなった
え、そうか?
テレッ
ユウト、エマちゃん 聞《き》いて! 今《いま》、警察《けいさつ》の人《ひと》から 電話《でんわ》があって…
犯人《はんにん》 つかまったんだって!
ほんと? 安心《あんしん》した～
よかったね!

まとめて知《し》りたい！ 防犯《ぼうはん》のポイント

外出《がいしゅつ》するときは、なにに気《き》をつけなければいけないかわかったかな。最後《さいご》に、注意《ちゅうい》するポイントをまとめてみたよ。家《いえ》の外《そと》にはどんな危険《きけん》があって、どんなふうに注意《ちゅうい》すればいいのか、もう一度《いちど》よく確認《かくにん》しておこう。

危険《きけん》な道《みち》を通《とお》らない

出《で》かけるとき、危険《きけん》な道《みち》はできるだけ通《とお》らないようにしよう。そんな道《みち》を歩《ある》いていると、犯罪《はんざい》にあいやすくなるからね。どんな道《みち》が危険《きけん》なのか、よくおぼえておこう。

こんな道《みち》が危険《きけん》

大《おお》きな音《おと》がする道《みち》

工事現場《こうじげんば》や線路《せんろ》の近《ちか》くなど大《おお》きな音《おと》のする道《みち》は、助《たす》けを呼《よ》ぶ声《こえ》が聞《き》こえにくくなる。だから、なにかあっても助《たす》けにきてもらえない可能性《かのうせい》があるよ。

ガードレールのない道《みち》

ガードレールがないと、車《くるま》は歩道《ほどう》のすぐそばまで近《ちか》づくことができる。もし、車《くるま》のなかに悪《わる》い人《ひと》が乗《の》っていたら、連《つ》れこまれてしまうおそれがあるよ。

高《たか》いへいが続《つづ》く道《みち》

道《みち》の両側《りょうがわ》に高《たか》いへいが続《つづ》いていると、へいが目《め》かくしになって、まわりから見《み》えにくくなる。こういう人目《ひとめ》につかない道《みち》では、犯罪《はんざい》がおこりやすいよ。

危険《きけん》な場所《ばしょ》に注意《ちゅうい》する

出《で》かけた先《さき》でも注意《ちゅうい》は必要《ひつよう》。公園《こうえん》やショッピングモールなど、楽《たの》しいところにも危険《きけん》な場所《ばしょ》があるよ。どんな場所《ばしょ》がどんなふうに危険《きけん》なのか、確認《かくにん》しておこう。

危険《きけん》な場所《ばしょ》いろいろ

人《ひと》があまりこない場所《ばしょ》

ショッピングモールやデパートのすみにある階段《かいだん》などは、人《ひと》があまりこない場《ば》所《しょ》だから、もし危《あぶ》ない目《め》にあっても、だれにも気《き》づいてもらえないかもしれないよ。

だれでも入《はい》れて、人目《ひとめ》につかない場所《ばしょ》

マンションの駐輪場《ちゅうりんじょう》や駐車場《ちゅうしゃじょう》などは、そのマンションの住人《じゅうにん》じゃなくても入《はい》ることができるし、外《そと》からは見《み》えにくいので、犯罪《はんざい》にあいやすいよ。

ゴミや落書《らくが》きが多《おお》い場所《ばしょ》

ゴミや落書《らくが》きの多《おお》い場所《ばしょ》は、ふだん見《み》回《まわ》る人《ひと》がいないところ。だから、悪《わる》い人《ひと》たちが集《あつ》まりやすくなるんだ。そういう場所《ばしょ》に近《ちか》づくのは危険《きけん》だよ。

多《おお》くの人《ひと》が集《あつ》まる場所《ばしょ》

イベント会場《かいじょう》など大勢《おおぜい》が集《あつ》まる場所《ばしょ》は、悪《わる》い人《ひと》もまぎれこみやすい。それに、まわりの人《ひと》はイベントに夢中《むちゅう》だから、犯罪《はんざい》にあっても気《き》づいてもらいにくいよ。

車《くるま》を使《つか》った犯罪《はんざい》にあわないために

すぐに遠《とお》くへ連《つ》れさることができる車《くるま》は、犯罪《はんざい》に使《つか》われることが多《おお》いよ。だから車《くるま》にはとくに注意《ちゅうい》しておかなくちゃいけない。車《くるま》から身《み》を守《まも》るポイントをおぼえておこう。

車《くるま》から身《み》を守《まも》るポイント

車道《しゃどう》からはなれて歩《ある》く

外《そと》を歩《ある》くときは、なるべくガードレールのある道《みち》を通《とお》ろう。もしガードレールがない道《みち》を通《とお》るときは、できるだけ車道《しゃどう》からはなれて歩《ある》くほうが安全《あんぜん》だよ。

止《と》まっている車《くるま》のそばに近《ちか》づかない

止《と》まっている車《くるま》を見《み》かけたら、そばに近《ちか》づかないようにしよう。もし車《くるま》に悪《わる》い人《ひと》が乗《の》っていたら、車《くるま》のなかに連《つ》れこまれるかもしれないよ。

声《こえ》をかけられても車《くるま》に乗《の》らない

車《くるま》のなかから知《し》らない人《ひと》に声《こえ》をかけられても、近《ちか》よったり、車《くるま》に乗《の》ったりするのは絶対《ぜったい》にやめよう。悪《わる》い人《ひと》がゆうかいするために声《こえ》をかけている可能性《かのうせい》があるよ。

車《くるま》が近《ちか》づいてきたら逃《に》げる

車《くるま》が自分《じぶん》のそばに近《ちか》づいてきたら、すぐにそこからはなれるようにしよう。もし追《お》いかけてきたら、車《くるま》の進《すす》む方向《ほうこう》と反対《はんたい》の向《む》きに走《はし》って逃《に》げよう。

助《たす》けの呼《よ》び方《かた》と逃《に》げ方《かた》

悪《わる》い人《ひと》に追《お》いかけられたり、おそわれそうになったりしたときの助《たす》けの呼《よ》び方《かた》や、逃《に》げ方《かた》も知《し》っておこう。もしものときに自分《じぶん》の身《み》を守《まも》る大切《たいせつ》なテクニックだよ。

助《たす》けを呼《よ》ぶときのポイント

「○○さん助《たす》けて！」とさけぶ

助《たす》けを呼《よ》ぶときは、「そこのスーツの人《ひと》、助《たす》けて！」など近《ちか》くにいる人《ひと》の特徴《とくちょう》をいうと、気《き》づいてもらいやすいよ。「鈴木《すずき》さん、助《たす》けて！」など、てきとうに名前《なまえ》を呼《よ》ぶのも、悪《わる》い人《ひと》に知《し》りあいがいると思《おも》わせられるから効果的《こうかてき》なんだ。

逃《に》げるときのポイント

「タッチ&《アンド》ゴー」で逃《に》げる

悪《わる》い人《ひと》につかまりそうになったら、両《りょう》手《て》が地面《じめん》につくくらい低《ひく》くしゃがもう。すると相手《あいて》がきみを見失《みうしな》うから、そのすきにすばやく向《む》きを変《か》えてダッシュするんだ。地面《じめん》にタッチしてからゴーで逃《に》げる「タッチ＆《アンド》ゴー」という方法《ほうほう》だよ。

「手足《てあし》バタバタ」で反《はん》げき

逃《に》げられないときは、その場《ば》で地面《じめん》にねころがり、手《て》や足《あし》をバタバタさせよう。そして足《あし》で悪《わる》い人《ひと》の手足《てあし》を思《おも》いきりけるんだ。悪《わる》い人《ひと》が頭《あたま》のほうにきたら、からだの向《む》きを変《か》えてこうげきを続《つづ》けよう。その間《あいだ》も、助《たす》けを呼《よ》び続《つづ》けてね。

危《あぶ》ない目《め》にあったときは

悪《わる》い人《ひと》に追《お》いかけられるなど、危《あぶ》ない目《め》にあったときは、必《かなら》ず身近《みぢか》なおとなに話《はな》そう。きみが勇気《ゆうき》を出《だ》して話《はな》せば、ほかの子《こ》が同《おな》じような目《め》にあうのを防《ふせ》ぐこともできるんだ。

信頼《しんらい》できるおとなに話《はな》す

家《いえ》の人《ひと》に話《はな》す

危《あぶ》ない目《め》にあったら、すぐに家《いえ》の人《ひと》に話《はな》そう。「はずかしい」「心配《しんぱい》かけたくない」と思《おも》い、話《はな》せない人《ひと》もいるかもしれないけれど、話《はな》してもらったほうが家《いえ》の人《ひと》は安心《あんしん》するんだ。それに話《はな》すことで、その情報《じょうほう》が近所《きんじょ》の人《ひと》にも伝《つた》わり、ほかの子《こ》が危《あぶ》ない目《め》にあうのを防《ふせ》げるよ。

警察《けいさつ》に相談《そうだん》する

家《いえ》の人《ひと》に話《はな》した後《あと》は、警察《けいさつ》に通報《つうほう》してもらおう。警察《けいさつ》に話《はな》すときは、警察《けいさつ》の人《ひと》の質問《しつもん》に、できるだけ正確《せいかく》に答《こた》えるようにしよう。思《おも》い出《だ》したり話《はな》したりするのがつらい部分《ぶぶん》は無理《むり》に話《はな》さなくてもいいんだ。警察《けいさつ》に通報《つうほう》しておくと、同《おな》じようなことがおこる可能性《かのうせい》も低《ひく》くなるよ。

警察《けいさつ》に話《はな》すときのポイント

警察《けいさつ》にいく前《まえ》に、できごとを右《みぎ》のように整理《せいり》しておくと、警察《けいさつ》の人《ひと》の質問《しつもん》にスムーズに答《こた》えることができるよ。話《はな》す内容《ないよう》を紙《かみ》にメモしてもっていってもいいね。

- いつのできごとか
- どこでおこったのか
- どんな相手《あいて》だったか（性別《せいべつ》・身長《しんちょう》・体型《たいけい》・何歳《なんさい》くらいか）
- どんなことをされたか

ナオヤ
どんな顔《かお》なの
写真《しゃしん》を
送《おく》ってみて
【重要《じゅうよう》なお知《し》らせ】
あなたのメールアドレスが使《つか》えなくなります。
今すぐ下記《かき》のURLからログインしてください。
URL
http://000.00.00

第《だい》3章《しょう》

スマホ・SNS《エスエヌエス》

スマホに夢中《むちゅう》のヒマリとアサヒ。そんな2人《ふたり》にSNS《エスエヌエス》をつうじて、さまざまなトラブルがおそいかかる！　無事《ぶじ》、危険《きけん》をのりこえられるのか？

みなさんもヒマリとアサヒといっしょに、自分《じぶん》の身《み》を守《まも》る行動《こうどう》を考《かんが》えてみてね！

ヒマリ

スマホを使《つか》い始《はじ》めたばかりの女《おんな》の子《こ》。

アサヒ

ヒマリの同級生《どうきゅうせい》。スマホが大好《だいす》きな男《おとこ》の子《こ》。

防犯《ぼうはん》について知《し》りつくしたサバイバルマスターがたいせつなアドバイスをしてくれるよ！

プロローグ スマホって、こわいもの？

そうそう
クラスのみんなとやっているSNS《エスエヌエス》があるんだけど、ヒマリもやらない?
ポチ
ポチ
え、どんなの?
みんなでおしゃべりを楽《たの》しめるグループチャットができるんだよ
小メンバー
駅前《えきまえ》にジェラート屋《や》さんできてたよ!
ほんとに!食《た》べたーい!
明日《あした》いこうよ何時《なんじ》に集合《しゅうごう》する?
おもしろいことがあったらすぐにみんなに伝《つた》えられるし、待《ま》ちあわせするときだってべんりだよ
!
ずいっ
わたしもやる!
わっ
わかった、わかった後《あと》でダウンロードのしかた、教《おし》えるよ
今《いま》、教《おし》えて!
トントン

あら、アサヒってば
まーたスマホ
いじってるの
2人《ふたり》ともスマホの使《つか》い方《かた》には
気《き》をつけなさいよ
？
とくにSNS《エスエヌエス》は
こどもが犯罪《はんざい》にまきこまれる事件《じけん》も
たくさんおきてるんだから…
連《つ》れさり
詐欺《さぎ》
請求書
¥50.000-
写真流出《しゃしんりゅうしゅつ》
ニュース
小学生特集
なんで
わたしの写真《しゃしん》
が!?
炎上《えんじょう》
通報《つうほう》!!
犯罪《はんざい》!!
迷惑《めいわく》!!
お母《かあ》さん
またその話《はなし》
ゾーー

ほんとに
気《き》をつけなさいよ
にゅっ
だいじょうぶ！
わかってるよ
ゾーーッ
うちのママも
注意《ちゅうい》しなさいって
いってたんだよね
ぎゅ…
わたし、まだ
スマホに慣《な》れてないから
気《き》をつけてやんなきゃ！
うん
でも、注意《ちゅうい》すれば
だいじょうぶさ
それじゃ、さっきのSNS《エスエヌエス》の
ダウンロードのしかたを
教《おし》えてやるよ
ありがとう
よーし！
わたしも
SNS《エスエヌエス》デビュー
するぞ！

問題《もんだい》 1

SNS《エスエヌエス》のアカウントをつくるぞ！パスワードはどんなのがいいかな？

むずかしさ★☆☆

うーん どうしよう？
ニャイン
アカウントを
登録《とうろく》
パスワードを
決《き》めてください

A かんたんで おぼえやすいもの

名前《なまえ》(ヒマリ)と誕生日《たんじょうび》(12月《がつ》14日《か》)を組《く》みあわせて！
パスワード
Himari1214

B ふくざつで おぼえにくいもの

アルファベット、数字《すうじ》、記号《きごう》を組《く》みあわせて！
A B C
1 2 3 & %
パスワード
B1C4%3A&2

答《こた》え B

ふくざつでおぼえにくいもの

おぼえやすいものはやめておこう

SNS《エスエヌエス》を始《はじ》めるときは、自分《じぶん》のアカウントをつくる必要《ひつよう》があるよ。アカウントとはSNS《エスエヌエス》を利用《りよう》する権利《けんり》のことで、つくるときにはパスワードを設定《せってい》しなくてはいけないんだ。このパスワードが他人《たにん》に知《し》られたら、自分《じぶん》のアカウントを乗《の》っとられてしまうおそれがある。だから、パスワードは見破《みやぶ》られにくい記号《きごう》や数字《すうじ》を混《ま》ぜたふくざつなものにしよう。名前《なまえ》や誕生日《たんじょうび》など、おぼえやすいものだと、他人《たにん》に見破《みやぶ》られる危険《きけん》が高《たか》くなるよ。

忘《わす》れないように
パスワードは
紙《かみ》にメモしておこう!

クイズ深《ふか》掘《ぼ》り!

アカウントが乗《の》っとられたら

SNS《エスエヌエス》のアカウントが乗《の》っとられると、たいへんなことになるよ。乗《の》っとった人《ひと》がきみになりすまして、勝手《かって》に投稿《とうこう》できるようになるからね。きみの友《とも》だちに悪《わる》口《ぐち》を送《おく》ったり、詐欺《さぎ》メッセージを送《おく》ったり、いろいろ悪《わる》いことに使《つか》われてしまうかもしれないんだ。

問題《もんだい》
2
SNS《エスエヌエス》のプロフィール。書《か》かないほうがいいものって？

むずかしさ★★★

A 自分《じぶん》の名前《なまえ》

B 自分《じぶん》の好《す》きなもの

答《こた》え

A 自分《じぶん》の名前《なまえ》

個人情報《こじんじょうほう》を書《か》くのはとても危険《きけん》

名前《なまえ》や年《ねん》れい、住所《じゅうしょ》、電話番号《でんわばんごう》、メールアドレス、生年月日《せいねんがっぴ》などは、きみの個人情報《こじんじょうほう》だよ。個人情報《こじんじょうほう》は、その人《ひと》だと特定《とくてい》できる重要《じゅうよう》な情報《じょうほう》だから、むやみに他人《たにん》に教《おし》えてはいけないんだ。SNS《エスエヌエス》に個人情報《こじんじょうほう》を書《か》くと、だれでもそれを見《み》られるようになる。もし悪《わる》い人《ひと》がきみの個人《こじん》情報《じょうほう》を見《み》たら、そこからきみを特定《とくてい》し、犯罪《はんざい》の標的《ひょうてき》にする可能性《かのうせい》だってあるんだ。SNS《エスエヌエス》に個人情報《こじんじょうほう》を書《か》くことは、それほど危険《きけん》なことなんだよ。

SNS《エスエヌエス》では本名《ほんみょう》を名乗《なの》らず、ニックネームを使《つか》おう！

クイズ深掘《ふかぼ》り！

アイコンを顔写真《かおじゃしん》にしない

SNS《エスエヌエス》のアイコンを自分《じぶん》の顔写真《かおじゃしん》にしていると、より身元《みもと》がばれやすくなり、犯罪《はんざい》にもあいやすくなるよ。それに、その写《しゃ》真《しん》を他人《たにん》が勝手《かって》にコピーして、きみになりすまし、悪《わる》いことに使《つか》う可能性《かのうせい》だってあるんだ。自分《じぶん》の写真《しゃしん》も大事《だいじ》な個人情報《こじんじょうほう》の1つ。アイコンに使《つか》うのはやめよう。

問題《もんだい》 3

写真《しゃしん》をSNS《エスエヌエス》に投稿《とうこう》したい！アップしてはいけないものは？

むずかしさ★★☆

A 通《かよ》っている学校《がっこう》

B 最寄《もよ》り駅《えき》

A~Eから正《ただ》しいものをすべて選《えら》んでね

C 家《いえ》の窓《まど》からの風景《ふうけい》

D 家《いえ》のペット

E 届《とど》いた年賀状《ねんがじょう》

答《こた》え

A・B・C・E

通《かよ》っている学校《がっこう》、最寄《もよ》り駅《えき》、家《いえ》の窓《まど》からの風景《ふうけい》、届《とど》いた年賀状《ねんがじょう》

さまざまなものが個人情報《こじんじょうほう》になる

写真《しゃしん》にはSNS《エスエヌエス》に投稿《とうこう》していいものと、いけないものがあるよ。通《かよ》っている学校《がっこう》は個人情報《こじんじょうほう》の1つ。本人《ほんにん》だと特定《とくてい》しやすくするよ。最寄《もよ》り駅《えき》や、家《いえ》の窓《まど》からの風景《ふうけい》も投稿《とうこう》してはダメ。写《うつ》っているものから、住《す》んでいる地域《ちいき》がばれることもあるんだ。届《とど》いた年賀状《ねんがじょう》には、名前《なまえ》や住所《じゅうしょ》が書《か》かれているから一番危険《いちばんきけん》だよ。

このように写真《しゃしん》には、いろんな個人情報《こじんじょうほう》がふくまれていることがある。投稿《とうこう》する前《まえ》は写真《しゃしん》も十分確認《じゅうぶんかくにん》しよう。

写真《しゃしん》からわかる個人情報《こじんじょうほう》は意外《いがい》と多《おお》いよ

クイズ深掘《ふかぼ》り！

写真《しゃしん》を投稿《とうこう》するときは加工《かこう》する

写真《しゃしん》に個人情報《こじんじょうほう》が写《うつ》っているときは、投稿前《とうこうまえ》にアプリなどで加工《かこう》するようにしよう。スタンプで顔《かお》をかくしたり、背景《はいけい》にモザイクをかけたり、見《み》せたくないところを黒《くろ》くぬりつぶしたりすれば、写真《しゃしん》から大事《だいじ》な情報《じょうほう》がもれるのを防《ふせ》ぐことができるよ。

ほかにもある写真《しゃしん》の落《お》とし穴《あな》

SNS《エスエヌエス》に投稿《とうこう》しようと思《おも》っている写真《しゃしん》。そこには、ちょっと見《み》ただけでは気《き》づけない、大事《だいじ》な情報《じょうほう》が写《うつ》りこんでいることもよくあるんだ。ここでは、投稿《とうこう》するときに気《き》をつけておきたい写真《しゃしん》の落《お》とし穴《あな》を紹介《しょうかい》するよ。おぼえておこう。

写真《しゃしん》に写《うつ》りこむと危険《きけん》なもの

電信柱《でんしんばしら》

電信柱《でんしんばしら》には注意《ちゅうい》が必要《ひつよう》。住所《じゅうしょ》の書《か》かれた表示板《ひょうじばん》や、近《ちか》くのお店《みせ》の広告《こうこく》がはられていることが多《おお》いから、その場所《ばしょ》がわかってしまうよ。こんな写真《しゃしん》を投稿《とうこう》していると、きみの行動範囲《こうどうはんい》がばれることも。

カーブミラー

カーブミラーは問題《もんだい》なさそうに思《おも》えるけど、じつはそうじゃないよ。鏡《かがみ》のところにお店《みせ》や看板《かんばん》などが写《うつ》りこんでいることがあり、それが手《て》がかりとなって、場所《ばしょ》が特定《とくてい》されることもあるんだ。

時計《とけい》

写真《しゃしん》に時計《とけい》が写《うつ》っていたら、きみがいつどこにいたか、わかるよね。だから、公園《こうえん》の時計塔《とけいとう》など、場所《ばしょ》と時間《じかん》がわかる写真《しゃしん》を投稿《とうこう》していると、きみの行動《こうどう》パターンをつかむヒントになってしまうよ。

問題《もんだい》 4 動画《どうが》と写真《しゃしん》。個人情報《こじんじょうほう》がもれやすいのはどっち？

むずかしさ★☆☆

A 動画《どうが》

B 写真《しゃしん》

答《こた》え
A
動《どう》画《が》

動画《どうが》には多《おお》くの情報《じょうほう》が映《うつ》りこむ

動画《どうが》は写真《しゃしん》とくらべて、個人情報《こじんじょうほう》がもれやすいよ。一《いっ》瞬《しゅん》の風景《ふうけい》をおさめる写真《しゃしん》とちがい、映《うつ》る範囲《はんい》が広《ひろ》い動画《どうが》には、たくさんの情報《じょうほう》がつまっているからね。さらに、音《おと》が入《はい》っていることも動画《どうが》ならではの注意点《ちゅういてん》。しゃべったことばやまわりの音《おと》が映像《えいぞう》と組《く》みあわさることで、より人《ひと》や場所《ばしょ》を特定《とくてい》しやすくするんだ。

悪《わる》い人《ひと》はどんな小《ちい》さな情報《じょうほう》も見逃《みのが》さない。だから動画《どうが》を投稿《とうこう》するときは、細心《さいしん》の注意《ちゅうい》をはらう必要《ひつよう》があるよ。

動画《どうが》を投稿《とうこう》するときは音《おと》にも十分《じゅうぶん》気《き》をつけよう！

クイズ深掘《ふかぼ》り！

投稿《とうこう》するタイミングにも注意《ちゅうい》

外出先《がいしゅつさき》で楽《たの》しいことがあったときなどは、そのこうふんをだれかに知《し》らせたくなるよね。でも、SNS《エスエヌエス》ですぐに投稿《とうこう》するのは危険《きけん》だよ。もし悪《わる》い人《ひと》が近《ちか》くにいたら、犯罪《はんざい》のターゲットになってしまうこともあるからね。投稿《とうこう》は時間《じかん》をおいてからおこなったほうが安全《あんぜん》だよ。

問題《もんだい》
5
SNS《エスエヌエス》で知《し》りあった人《ひと》から「写真《しゃしん》を送《おく》って」といわれた！どうしよう？

むずかしさ★★★

A 送《おく》る

B 送《おく》らない

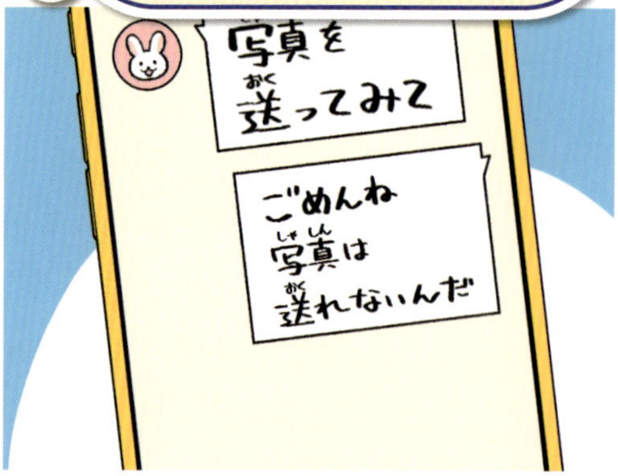

答《こた》え B

送《おく》らない

よく知《し》らない人《ひと》に写真《しゃしん》を送《おく》るのは危険《きけん》

SNS《エスエヌエス》でやりとりしていると、「趣味《しゅみ》が同《おな》じ」「年《ねん》れいが近《ちか》い」といった理由《りゆう》で、なかよくなる人《ひと》がいるかもしれないね。でも、そんな人《ひと》から「写真《しゃしん》を送《おく》って」といわれても、けっして送《おく》ってはいけないよ。じつは悪《わる》い人《ひと》で、写真《しゃしん》を悪用《あくよう》するかもしれないからね。それに一度《いちど》送《おく》ると、要求《ようきゅう》がエスカレートして、「はだかの写真《しゃしん》を送《おく》れ！」など、こわいことをいわれるおそれもある。SNS《エスエヌエス》でしか、つながりがない人《ひと》に、写真《しゃしん》を送《おく》るのは絶対《ぜったい》にやめよう。

なにがあっても、自分《じぶん》の写真《しゃしん》は送《おく》らないこと！

クイズ深掘《ふかぼ》り！

年《ねん》れいや性別《せいべつ》にだまされない

相手《あいて》が自分《じぶん》と同《おな》じ年《ねん》れいや性別《せいべつ》だと、つい安心《あんしん》して、自分《じぶん》の写真《しゃしん》を送《おく》ってしまいそうになるかもしれない。でもSNS《エスエヌエス》のプロフィールは、かんたんにうそが書《か》けるから、相手《あいて》の年《ねん》れいも性別《せいべつ》も顔写真《かおじゃしん》も、全部《ぜんぶ》うその可能性《かのうせい》があるんだ。だまされないように気《き》をつけよう。

問題《もんだい》 6

SNS《エスエヌエス》で悩《なや》みを聞《き》いてくれるお姉《ねえ》さん。じっさいに会《あ》ってもいい？

むずかしさ★★☆

A 会《あ》ってはダメ

B やさしい人《ひと》ならOK《オーケー》

答《こた》え

A

会《あ》ってはダメ

相手《あいて》が悪《わる》い人《ひと》の可能性《かのうせい》がある

自分《じぶん》の悩《なや》みを聞《き》いてくれたり、親切《しんせつ》にしてくれたり、そんなやさしい人《ひと》にさそわれたら、会《あ》ってみたくなるかもしれないね。でも、絶対《ぜったい》に会《あ》ってはいけないよ。なぜなら、SNS《エスエヌエス》のプロフィールは信用《しんよう》できないし、やさしく親切《しんせつ》にしてくれているのも、じつは、きみをさそい出《だ》すための演技《えんぎ》かもしれないからね。じっさいに会《あ》うと、ぜんぜんちがう人《ひと》があらわれて、犯罪《はんざい》に巻《ま》きこまれるおそれがあるよ。だから、絶対《ぜったい》に会《あ》うのはやめよう。

悪《わる》い人《ひと》は、きみがだまされるのを待《ま》っているぞ!

クイズ深掘《ふかぼ》り!

命《いのち》の危険《きけん》につながる場合《ばあい》も

こどもがSNS《エスエヌエス》で知《し》りあった人《ひと》とじっさいに会《あ》って、犯罪《はんざい》の被害《ひがい》にあったという事件《じけん》は多《おお》いよ。なかにはゆうかいされたり、命《いのち》をうばわれたりという重大《じゅうだい》な事件《じけん》もおこっているんだ。相手《あいて》に会《あ》うということは、命《いのち》の危険《きけん》につながりかねないということをおぼえておこう。

問題《もんだい》 7

友《とも》だち限定《げんてい》のグループチャット。ここならなんでも話《はな》していい？

むずかしさ★★☆

A 話《はな》していい

B 話《はな》してはダメ

答《こた》え

B

話《はな》してはダメ

会話《かいわ》がグループの外《そと》にもれることも

友《とも》だち限定《げんてい》だからといって、なかよしの人《ひと》しか会話《かいわ》を見《み》ないと思《おも》ったら大《おお》まちがい。グループのだれかがべつの場所《ばしょ》で話《はな》したり、グループチャットの画面《がめん》を見《み》せたりすれば、かんたんにほかの人《ひと》にも知《し》られてしまうよ。

だから、グループチャットということばに安心《あんしん》して、なんでも話《はな》してはダメなんだ。どこかで話《はなし》がもれるおそれがあるから、悪口《わるぐち》やうわさ話《ばなし》なんかをすると、トラブルがおきてしまうよ。

なんでも話《はな》すのは
トラブルのもとだよ

クイズ深《ふか》掘《ぼ》り！

スクリーンショットでもれると…

グループチャットの会話《かいわ》は、そのやりとりをスクリーンショットでグループ外《がい》の人《ひと》に送《おく》ることでも、もれてしまうよ。しかも、スクリーンショットの場合《ばあい》は、それをSNS《エスエヌエス》に投稿《とうこう》することもできるから、すぐにたくさんの人《ひと》へ広《ひろ》まってしまう危《き》険《けん》もあるんだ。

問題《もんだい》 8

SNS《エスエヌエス》で有名人《ゆうめいじん》のひみつを知《し》っちゃった！みんなに広《ひろ》めたいけど、どうしよう？

むずかしさ ★★☆

A 広《ひろ》める

B 広《ひろ》めない

答《こた》え

B

広《ひろ》めない

ネットの情報《じょうほう》は事実《じじつ》とは限《かぎ》らない

SNS《エスエヌエス》やネットで見《み》かける情報《じょうほう》は、本当《ほんとう》かどうかわからないことが多《おお》いよ。だれでも自由《じゆう》に書《か》けるから、だれかがうそをついたり、まちがった情報《じょうほう》を書《か》いたりしていることもあるんだ。それを真《ま》に受《う》けて友《とも》だちに教《おし》えたり、拡散《かくさん》したりすると、きみもデマを広《ひろ》げていることになる。それはだれかをきずつけることになるし、場合《ばあい》によっては法律違反《ほうりついはん》にもなるんだ。SNS《エスエヌエス》やネットの情報《じょうほう》は、すぐに信《しん》じないで、一度《いちど》うたがってみるようにしよう。

人《ひと》に伝《つた》える前《まえ》に、本当《ほんとう》かどうかよく考《かんが》えよう！

クイズ深掘《ふかぼ》り！

気軽《きがる》に拡散《かくさん》しない

SNS《エスエヌエス》のなかには、ほかの人《ひと》の投稿《とうこう》を拡散《かくさん》できる機能《きのう》がついているものもあるよ。かんたんに拡散《かくさん》できるから、気軽《きがる》に使《つか》ってしまいがちだけど、それはダメ。なかにはデマや悪口《わるぐち》もあるから、それらを拡散《かくさん》すると罪《つみ》に問《と》われることもあるんだ。よく考《かんが》えてから使《つか》うようにしよう。

問題《もんだい》 9

このなかでSNS《エスエヌエス》いじめになるものはどれかな？

むずかしさ★★★

A グループチャットで仲《なか》間《ま》外《はず》れにする

B グループチャットで自分《じぶん》の話《はなし》ばかりする

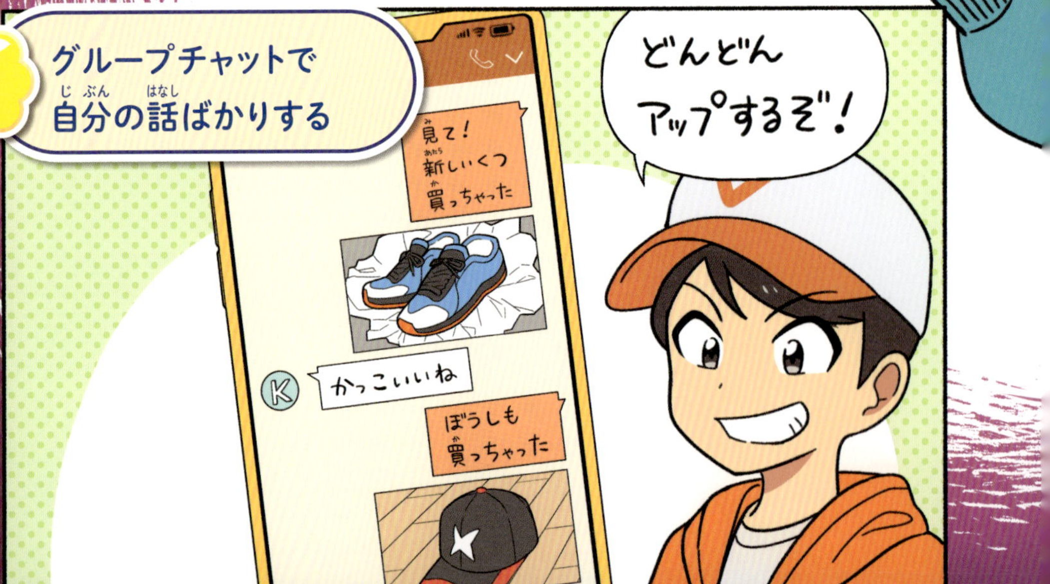

A~Dから正《ただ》しいものをすべて選《えら》んでね

C　友《とも》だちのはずかしい写真《しゃしん》を投稿《とうこう》する

D　「いいね」やコメントをせまる

答《こた》え

A・C・D

グループチャットで仲間外《なかまはず》れにする、友《とも》だちのはずかしい写真《しゃしん》を投稿《とうこう》する、「いいね」やコメントをせまる

SNS《エスエヌエス》いじめは相手《あいて》を深《ふか》くきずつける

直接会《ちょくせつあ》わなくても、友《とも》だちと会話《かいわ》が楽《たの》しめるSNS《エスエヌエス》。便利《べんり》だけれど、なかではいじめもおこっているんだ。グループチャットで仲間外《なかまはず》れにしたり、友《とも》だちのはずかしい写真《しゃしん》を投稿《とうこう》したり、「いいね」やコメントをせまったりすること。これは全部《ぜんぶ》SNS《エスエヌエス》いじめだよ。それに、SNS《エスエヌエス》いじめは親《おや》や先生《せんせい》に気《き》づかれにくいものだから、やられた人《ひと》は1人《ひとり》で悩《なや》みをかかえてしまうことになりやすい。いじめは絶対《ぜったい》にやってはいけないよ。

なにげない会話《かいわ》がいじめに発展《はってん》することもあるぞ！

クイズ深掘《ふかぼ》り！

SNS《エスエヌエス》いじめは長《なが》く残《のこ》ることも

SNS《エスエヌエス》いじめは、スマホがあればどこでも被害《ひがい》にあうから逃《に》げ場《ば》がないよ。それに、SNS《エスエヌエス》によっては、いじめの投稿《とうこう》やコメントがずっと残《のこ》るものもあるから、相手《あいて》は長《なが》い間苦《あいだくる》しめられることになるんだ。そういう面《めん》でも、SNS《エスエヌエス》いじめはとても悪質《あくしつ》なんだよ。

SNS《エスエヌエス》いじめを見《み》かけたら

SNS《エスエヌエス》でいじめられている人《ひと》を見《み》かけたら、どうすればいいか、悩《なや》んでしまうかもしれない。そんなときは、まずおとなに相談《そうだん》しよう。SNS《エスエヌエス》いじめは、自分《じぶん》1人《ひとり》で解決《かいけつ》するのはむずかしいから、おとなに協力《きょうりょく》してもらうのが一番《いちばん》なんだ。

SNS《エスエヌエス》いじめを解決《かいけつ》する方法《ほうほう》

いっしょにグループをぬける

もし友《とも》だちがSNS《エスエヌエス》でいじめられているのを見《み》かけたら、その友《とも》だちにSNS《エスエヌエス》のグループをぬけるようにすすめよう。

きみもそのグループに入《はい》っている場合《ばあい》、友《とも》だちがぬけた後《あと》で、きみがかわりにいじめられる可能性《かのうせい》もある。だから、友《とも》だちといっしょに、きみもぬけるのが一番《いちばん》いいよ。いじめる人《ひと》がいるグループなんて、入《はい》っていても楽《たの》しくないからね。

家《いえ》の人《ひと》や先生《せんせい》に相談《そうだん》する

家《いえ》の人《ひと》や学校《がっこう》の先生《せんせい》など、身近《みぢか》なおとなに、SNS《エスエヌエス》でいじめられている人《ひと》がいることを伝《つた》えよう。そのとき、スマホを見《み》せて、会話《かいわ》の内容《ないよう》や、いじめの証拠《しょうこ》になる写真《しゃしん》などを確認《かくにん》してもらうといいよ。

友《とも》だちではなく、自分《じぶん》がいじめられているときも、おとなに相談《そうだん》することは大切《たいせつ》。SNS《エスエヌエス》いじめを解決《かいけつ》するためには、1人《ひとり》で悩《なや》まないことが重要《じゅうよう》だよ。

問題《もんだい》 10

買《か》ったマンガ。みんなに見《み》せるために写真《しゃしん》にとって投稿《とうこう》してもいいの？

むずかしさ★★★

A 自分《じぶん》で買《か》った本《ほん》ならOK《オーケー》

B 自分《じぶん》で買《か》った本《ほん》でもダメ

答《こた》え

B

自《じ》分《ぶん》で買《か》った本《ほん》でもダメ

著作権《ちょさくけん》をおかすことに

たとえ自分《じぶん》で買《か》った本《ほん》でも、写真《しゃしん》にとってSNS《エスエヌエス》に投稿《とうこう》してはいけないよ。なぜなら著作権《ちょさくけん》をおかすことになるから。「著作権《ちょさくけん》」とは「作品《さくひん》を勝手《かって》に使《つか》われない権利《けんり》」のことで、本《ほん》を書《か》いた人《ひと》や出版《しゅっぱん》した会社《かいしゃ》がもっている権利《けんり》だよ。だから、その人《ひと》たちに断《ことわ》りもなく勝手《かって》に投稿《とうこう》するのは法律違反《ほうりついはん》。最悪《さいあく》の場合《ばあい》、うったえられたり、逮捕《たいほ》されたりすることもあるんだ。友《とも》だちにマンガを見《み》せたかったら、直接会《ちょくせつあ》って本《ほん》を貸《か》してあげよう。

自分《じぶん》の本《ほん》でも、投稿《とうこう》する権利《けんり》は自分《じぶん》にはないよ

クイズ深《ふか》掘《ぼ》り！

有名人《ゆうめいじん》の写真《しゃしん》の投稿《とうこう》もダメ

タレントのポスターや、ライブで歌《うた》うアイドルなどを写真《しゃしん》にとって、SNS《エスエヌエス》に投《とう》稿《こう》するのもいけないよ。「肖像権《しょうぞうけん》」といって、「本人《ほんにん》に断《ことわ》りなく、すがたを撮影《さつえい》されたり公開《こうかい》されたりしない権利《けんり》」をおかすことになるからね。だから、撮影《さつえい》や投稿《とうこう》はしないで、見《み》て楽《たの》しむだけにしよう。

問題《もんだい》 11 無料《むりょう》でダウンロードできる動画《どうが》サイト。利用《りよう》してもいいの？

むずかしさ ★★☆

A 利用《りよう》してOK《オーケー》

B 利用《りよう》してはダメ

答《こた》え
B 利用《りよう》してはダメ

違法《いほう》サイトは利用《りよう》するのも法律違反《ほうりついはん》

ふつうならお金《かね》をはらわないと見《み》られない映画《えいが》やアニメなどの動画《どうが》を、ただで見《み》られるサイトがあれば、だれだって利用《りよう》したくなるよね。でもそういうサイトは、違《い》法《ほう》サイトの可能性《かのうせい》が高《たか》い。サイトの運営者《うんえいしゃ》だけでなく、それを利用《りよう》した人《ひと》も犯罪《はんざい》をおかしたことになってしまう場合《ばあい》があるんだ。だから、映画《えいが》などの作品《さくひん》は、映画館《えいがかん》やDVD《ディーブイディー》、サブスクの配信《はいしん》などで、きちんとお金《かね》をはらって見《み》よう。ただで見《み》るのは万引《まんび》きと同《おな》じだよ。

違法《いほう》サイトに登録《とうろく》すると、個人情報《こじんじょうほう》をぬすまれることもあるよ

クイズ深掘《ふかぼ》り!

違法《いほう》サイトの悪影響《あくえいきょう》

映画館《えいがかん》やDVD《ディーブイディー》で、映画《えいが》を見《み》るためにはらうお金《かね》は、新《あたら》しい映画《えいが》をつくるための資金《しきん》になるんだ。もし、みんなが映画《えいが》をただで見《み》るようになったら、資金《しきん》がなくなって、新《あたら》しい映画《えいが》がつくれなくなってしまう。違法《いほう》サイトの利用《りよう》は、映画《えいが》をほろぼすことにつながるんだよ。

問題《もんだい》 12

話題《わだい》になる動画《どうが》をつくって投稿《とうこう》したい！このなかでやってはいけないことは？

むずかしさ★★★

A コンビニのお弁当《べんとう》にいたずらする

B 立《た》ち入《い》り禁止《きんし》の場所《ばしょ》に入《はい》る

A〜Dから正《ただ》しいものをすべて選《えら》んでね

コンビニでいたずらしたw
廃墟《はいきょ》を探険《たんけん》楽《たの》しー！
電車《でんしゃ》のなかでおもしろい人《ひと》を発見《はっけん》！
Zzz

答《こた》え

A・B・D

コンビニのお弁当《べんとう》にいたずらする、立《た》ち入《い》り禁止《きんし》の場所《ばしょ》に入《はい》る、電車《でんしゃ》のなかでかくしどりする

軽《かる》い気《き》もちでも重大《じゅうだい》な犯罪《はんざい》になる

お店《みせ》の品物《しなもの》にいたずらしたり、立《た》ち入《い》り禁止《きんし》の場所《ばしょ》に入《はい》ったり、他人《たにん》をかくしどりしたりするのは、まわりに迷《めい》惑《わく》をかける行動《こうどう》で犯罪《はんざい》になるよ。だから絶対《ぜったい》にやってはダメ。そして、そんな行動《こうどう》を動画《どうが》にとってSNS《エスエヌエス》に投稿《とうこう》すると、たくさんの人《ひと》を不愉快《ふゆかい》にさせて、より多《おお》くの人《ひと》に迷《めい》惑《わく》をかけてしまうんだ。いくら話題《わだい》になる動画《どうが》をつくりたいからといって、軽《かる》いのりでこんなことをすると、とり返《かえ》しのつかない結果《けっか》になるんだよ。

やっていいことかどうか、しっかり考《かんが》えよう！

クイズ深掘《ふかぼ》り！

賠償金《ばいしょうきん》
1億《おく》円《えん》

悪質《あくしつ》な動画《どうが》を投稿《とうこう》すると

お店《みせ》の品物《しなもの》にいたずらする動画《どうが》を投稿《とうこう》して、高額《こうがく》の賠償金《ばいしょうきん》を請求《せいきゅう》されたというニュースはあとを絶《た》たないよ。一生《いっしょう》かかってもはらいきれない金額《きんがく》だから、その人《ひと》はたった一度《いちど》のいたずらで人生《じんせい》を台《だい》無《な》しにしたことになる。そんなことにならないよう、よく考《かんが》えて動画《どうが》をとろう。

炎上《えんじょう》してしまったら

よくない投稿《とうこう》をすると、大勢《おおぜい》から非難《ひなん》や攻撃《こうげき》を受《う》ける場合《ばあい》がある。その状態《じょうたい》を「炎上《えんじょう》」というよ。炎上《えんじょう》すると、個人《こじん》情報《じょうほう》を調《しら》べられてネットにさらされるなど、大問題《だいもんだい》に発展《はってん》することもあるから、そのときの対応《たいおう》を知《し》っておこう。

炎上《えんじょう》したときにするべきこと

家族《かぞく》に相談《そうだん》する

自分《じぶん》の投稿《とうこう》が炎上《えんじょう》してしまったら、まずは家《いえ》の人《ひと》に相談《そうだん》しよう。とくにお店《みせ》やだれかに迷惑《めいわく》をかけてしまったときは、素《す》直《なお》にうちあけて、どうすればいいかをいっしょに考《かんが》えてもらおう。

ネット上《じょう》で多《おお》くの人《ひと》を不愉快《ふゆかい》にさせた場合《ばあい》

あやまって、落《お》ちつくのを待《ま》つ

短《みじか》い文《ぶん》で誠実《せいじつ》にあやまったら、なにもせず、落《お》ちつくのを待《ま》とう。自分《じぶん》を非難《ひなん》するコメントに反論《はんろん》すると、かえって多《おお》くの人《ひと》の反感《はんかん》をまねいて、炎《えん》上《じょう》がひどくなる可能性《かのうせい》があるよ。

特定《とくてい》の人《ひと》に迷惑《めいわく》をかけた場合《ばあい》

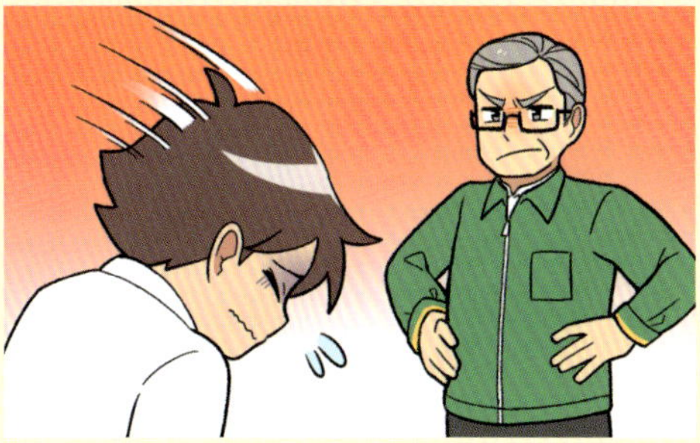

すぐにあやまりにいく

特定《とくてい》の人《ひと》やお店《みせ》に迷惑《めいわく》をかけたときは、すぐにあやまりにいこう。場合《ばあい》によっては裁判《さいばん》になって、こどもには手《て》に負《お》えなくなることもある。それでも、反省《はんせい》してあやまることが大事《だいじ》なんだ。

問題《もんだい》 13

動画《どうが》の再生《さいせい》ボタンをクリックしたらお金《かね》を請求《せいきゅう》された！ どうしよう？

むずかしさ★★☆

A お金《かね》をはらう

B お金《かね》ははらわない

答《こた》え

B

お金《かね》ははらわない

詐欺《さぎ》サイトなので無視《むし》しよう

ネット上《じょう》の動画《どうが》サイトには、再生《さいせい》ボタンをクリックしただけで、お金《かね》を請求《せいきゅう》するメッセージが出《で》るものもあるよ。その正体《しょうたい》は詐欺《さぎ》サイト。メッセージで不安《ふあん》にさせて、お金《かね》をふりこませるのがねらいなんだ。だから、詐欺《さぎ》の被害《ひがい》にあわないためには、メッセージを無視《むし》してお金《かね》をはらわないのが一番《いちばん》。もし相手《あいて》が、「こちらの住所《じゅうしょ》を知《し》っている」とか「裁判所《さいばんしょ》にうったえる」とかいってきても、全部《ぜんぶ》うそだから気《き》にしなくていいんだよ。

どうしても不安《ふあん》なときは警察《けいさつ》などに相談《そうだん》しよう！

クイズ深掘《ふかぼ》り！

ワンクリック詐欺《さぎ》に注意《ちゅうい》

動画《どうが》の再生《さいせい》ボタンのほかに、URL《ユーアールエル》をクリックさせて高額《こうがく》な支《し》はらいを求《もと》めてくる詐欺《さぎ》もあるよ。これらは「ワンクリック詐欺《さぎ》」といい、「当選《とうせん》しました」「今《いま》なら無料《むりょう》」などの魅力的《みりょくてき》なことばでクリックをさそってくるんだ。かんたんにクリックしないようにしよう。

問題《もんだい》 14 携帯電話会社《けいたいでんわがいしゃ》から重要《じゅうよう》メールが届《とど》いた！ ログインしたほうがいいの？

むずかしさ★★★

A ログインする

B ログインしない

答《こた》え

B

ログインしない

にせのメールなのでURL《ユーアールエル》をクリックしない

携帯会社《けいたいがいしゃ》や通販《つうはん》サイトのふりをして、重要《じゅうよう》メールを送《おく》ってくる詐欺《さぎ》の手口《てぐち》があるよ。メールにあるURL《ユーアールエル》をクリックするとログインする画面《がめん》にうつり、そこでID《アイディー》やパスワードなどを入力《にゅうりょく》するように指示《しじ》してくるんだ。もし、その指示《しじ》にしたがうと、大事《だいじ》な個人情報《こじんじょうほう》がぬすまれてしまうよ。重要《じゅうよう》メールが届《とど》いたら、そこのURL《ユーアールエル》からログインせずに、正《ただ》しいサイトにアクセスして、メールが本物《ほんもの》かどうかを確認《かくにん》しよう。

重要《じゅうよう》メールが届《とど》いたら、家《いえ》の人《ひと》にも見《み》てもらおう！

クイズ深掘《ふかぼ》り！

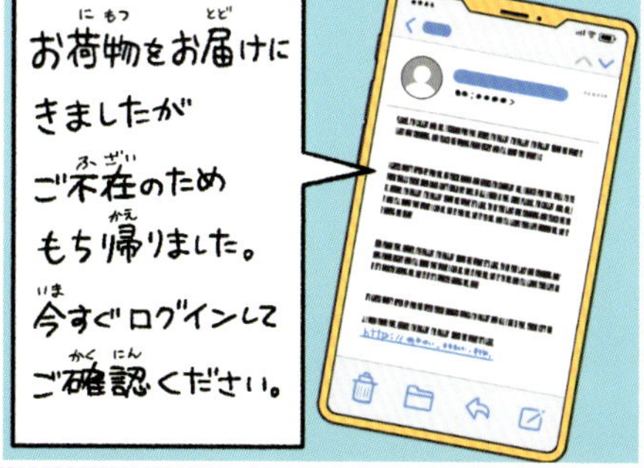

フィッシング詐欺《さぎ》に注意《ちゅうい》

にせものメールのURL《ユーアールエル》からログインさせて、個人情報《こじんじょうほう》をぬすもうとする詐欺《さぎ》を「フィッシング詐欺《さぎ》」というよ。「アカウントが使《つか》えなくなる」「荷物《にもつ》が配達《はいたつ》できない」など、「すぐにログインしないとたいへん！」と思《おも》わせるメールを送《おく》ってくるから、落《お》ちついて対応《たいおう》しよう。

問題《もんだい》 15

無料《むりょう》でダウンロードしたオンラインゲーム。お金《かね》がかかることはない？

むずかしさ★★☆

A お金《かね》がかかることがある

B お金《かね》はいっさいかからない

答《こた》え

A お金《かね》がかかることがある

アイテムは有料《ゆうりょう》の場合《ばあい》がある

オンラインゲームには、無料《むりょう》でダウンロードできるものがたくさんあるよ。でも、じっさいにゲームを進《すす》めていると、アイテムなどを手《て》に入《い》れるのに、お金《かね》がかかることが多《おお》いんだ。アイテムがなくても遊《あそ》べるけれど、それだと敵《てき》をたおすのがむずかしくなったり、つぎのステージになかなか進《すす》めなかったりするよ。

こんなふうにゲーム会社《がいしゃ》はお金《かね》をはらってもらうため、途中《とちゅう》でお金《かね》をはらいたくなるくふうをしているんだ。

ゲームのなかでも
お金《かね》を使《つか》うときは、
家《いえ》の人《ひと》に相談《そうだん》しよう！

クイズ深《ふか》掘《ぼ》り！

お金《かね》の使《つか》いすぎに注意《ちゅうい》

無料《むりょう》で始《はじ》めたゲームなのに、敵《てき》をたおすのに夢中《むちゅう》になって、有料《ゆうりょう》のアイテムをどんどん買《か》ってしまうこともあるよ。その結果《けっか》、はらいきれないような高額《こうがく》の請《せい》求書《きゅうしょ》が届《とど》くこともあるんだ。たとえゲームのなかで使《つか》うお金《かね》でも、それは本物《ほんもの》のお金《かね》。使《つか》いすぎは絶対《ぜったい》にやめよう。

問題《もんだい》16

なかよくなったゲームの仲間《なかま》どうしでやってはいけないことって？

むずかしさ★★★

A 名前《なまえ》や年《ねん》れいを教《おし》えあう

ヒマリン
こんにちは わたしはヒマリ 11才《さい》
テルテル
ぼくはてるお 15才《さい》になったよ

ドラゴン
ヒマリン

B 好《す》きなゲームを教《おし》えあう

ヒマリン
○○っていうゲーム おもしろいよ
テルテル
あっ知《し》ってる ぼくは△△△が好《す》きだよ

A~Dから正《ただ》しいものをすべて選《えら》んでね

C じっさいに会《あ》う

こんにちは
ヒマリンです
はじめまして
テルテルです

D アカウントを貸《か》し借《か》りする

テルテル
テルテル
アカウントを貸《か》してくれたら
レベル上《あ》げをしてあげるよ
ヒマリン
ほんと?
じゃあ お願《ねが》いするね

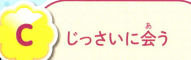

答《こた》え

A・C・D

名前《なまえ》や年《ねん》れいを教《おし》えあう、じっさいに会《あ》う、アカウントを貸《か》し借《か》りする

犯罪《はんざい》にまきこまれることも

オンラインゲームでは、協力《きょうりょく》してゲームを進《すす》めることがあるから、SNS《エスエヌエス》以上《いじょう》に相手《あいて》となかよくなることもあるよ。だからといって、名前《なまえ》や年《ねん》れいなどの個人情報《こじんじょうほう》を教《おし》えてはダメ。悪用《あくよう》される可能性《かのうせい》があるからね。じっさいに会《あ》うのも、SNS《エスエヌエス》と同《おな》じく、いろいろな犯罪《はんざい》にあうおそれがあるよ。アカウントを貸《か》すのも、乗《の》っとりの被害《ひがい》にあうことがあるんだ。オンラインゲーム上《じょう》にも、悪《わる》いことをたくらむ人《ひと》がいることを忘《わす》れないようにしよう。

ゲームでも、知《し》らない相手《あいて》には要注意《ようちゅうい》！

クイズ深掘《ふかぼ》り！

ボイスチャットの落《お》とし穴《あな》

プレイ中《ちゅう》に音声《おんせい》で会話《かいわ》ができるボイスチャット機能《きのう》のついたオンラインゲームもある。文字《もじ》だけでの会話《かいわ》より相手《あいて》と話《はな》しやすいから、ついおしゃべりになって、学校《がっこう》の話題《わだい》など自分《じぶん》の個人情報《こじんじょうほう》につながることを話《はな》してしまうこともあるんだ。大事《だいじ》なことは話《はな》さないようにしよう。

ゲームはルールを守《まも》って遊《あそ》ぼう

ゲームで遊《あそ》ぶときは、守《まも》らなければならないルールがあるよ。そのルールを忘《わす》れてしまうと、からだをこわしたり、いろいろなトラブルをまねいたりする危険《きけん》があるんだ。ゲームを始《はじ》める前《まえ》に、家《いえ》の人《ひと》とルールをよく確認《かくにん》しよう。

時間《じかん》と場所《ばしょ》を決《き》める

ゲームをやりすぎると、からだをこわすことがあるよ。だから「午後《ごご》6時《じ》から1時間《じかん》、リビングでやる」など、時間《じかん》と場所《ばしょ》を決《き》めておこう。やりすぎないように、家《いえ》の人《ひと》から見《み》える場所《ばしょ》でやろうね。

お金《かね》を使《つか》うときは家《いえ》の人《ひと》に相談《そうだん》

ゲームのアイテムなどでお金《かね》を使《つか》いたいときは、必《かなら》ず家《いえ》の人《ひと》に相談《そうだん》しよう。相談《そうだん》せずに勝手《かって》にお金《かね》を使《つか》うことはトラブルのもと。絶対《ぜったい》にやってはいけないよ。家《いえ》の人《ひと》のOK《オーケー》がもらえなかったら、がまんしようね。

ID《アイディー》とパスワードは人《ひと》に教《おし》えない

ゲームで使《つか》うID《アイディー》やパスワードも大事《だいじ》な個《こ》人情報《じんじょうほう》だよ。うっかりほかの人《ひと》に教《おし》えると、トラブルや犯罪《はんざい》にまきこまれる可能性《かのうせい》もあるんだ。絶対《ぜったい》にほかの人《ひと》には教《おし》えないようにしよう。

エピローグ 知識《ちしき》を身《み》につけることが防犯《ぼうはん》に！

そっか…
やっぱり安全《あんぜん》に
スマホを使《つか》うには
ちゃんと知識《ちしき》を
もたないといけないって
わかった！
えらいなヒマリ
ちゃんと考《かんが》えてて
ほんと
いろんなトラブルが
おこりそうになるよ…
あ，そうだ！
SNS《エスエヌエス》にあげたら
みんな見《み》られるよね
映画《えいが》をタダで
見《み》られるサイト発見《はっけん》！
おー！
すごい！
コクッ
自分《じぶん》を守《まも》るためにも
人《ひと》に迷惑《めいわく》をかけないためにも
しっかり知識《ちしき》を身《み》につけていこう！

まとめて知《し》りたい! 防犯《ぼうはん》のポイント

スマホやSNS《エスエヌエス》を楽《たの》しむときには、気《き》をつけなければいけないことがたくさんあるよ。最後《さいご》に注意《ちゅうい》するポイントをまとめたから、よく読《よ》んでおこう。これらをしっかり守《まも》って、安全《あんぜん》に楽《たの》しくスマホやSNS《エスエヌエス》を使《つか》おうね。

個人情報《こじんじょうほう》のあつかいに注意《ちゅうい》

個人情報《こじんじょうほう》は、その人《ひと》のことを特定《とくてい》できるとても大事《だいじ》なもの。ほかの人《ひと》に知《し》られると、危険《きけん》な目《め》にあう可能性《かのうせい》もあるよ。だから、あつかいには注意《ちゅうい》しなければいけないんだ。

いろいろな個人情報《こじんじょうほう》

- 名前《なまえ》
- 住所《じゅうしょ》
- 電話番号《でんわばんごう》
- メールアドレス
- SNS《エスエヌエス》のID《アイディー》・パスワード
- 生年月日《せいねんがっぴ》・年《ねん》れい
- 通《かよ》っている学校《がっこう》
- 最寄《もよ》り駅《えき》

など

個人情報《こじんじょうほう》がもれると…

あやしいメールやメッセージがたくさん届《とど》くようになったり、SNS《エスエヌエス》のアカウントが乗《の》っとられたりしてしまうよ。

写真《しゃしん》にも個人情報《こじんじょうほう》が…

写真《しゃしん》に写《うつ》っているものから、自分《じぶん》の家《いえ》の住所《じゅうしょ》や、自分《じぶん》が通《かよ》っている学校《がっこう》などが知《し》られてしまうこともあるよ。

自分《じぶん》の身《み》を守《まも》るために

SNS《エスエヌエス》はいろいろな人《ひと》が利用《りよう》しているよ。なかには悪《わる》い人《ひと》もいて、きみの個人情報《こじんじょうほう》をぬすもうとしたり、犯罪《はんざい》にまきこもうとしたりすることもあるんだ。十分《じゅうぶん》気《き》をつけよう。

SNS《エスエヌエス》で気《き》をつけること

パスワードは ふくざつなものに

自分《じぶん》の名前《なまえ》や誕生日《たんじょうび》などの文字《もじ》や数字《すうじ》はほかの人《ひと》にばれやすいよ。自分《じぶん》と関係《かんけい》のない文字《もじ》や数字《すうじ》や記号《きごう》を組《く》みあわせた、ふくざつなものが安全《あんぜん》だよ。

大事《だいじ》な情報《じょうほう》が写《うつ》った 写真《しゃしん》は投稿《とうこう》しない

電信柱《でんしんばしら》やお店《みせ》の看板《かんばん》などには、その場《ば》所《しょ》が特定《とくてい》できる情報《じょうほう》がふくまれているよ。それらが写《うつ》っている写真《しゃしん》を投稿《とうこう》していると、きみの行動範囲《こうどうはんい》がばれてしまうよ。

個人情報《こじんじょうほう》を教えたり、写真《しゃしん》を送《おく》ったりしない

SNS《エスエヌエス》で知《し》りあった人《ひと》に、自分《じぶん》の名前《なまえ》や住所《じゅうしょ》、年《ねん》れいなどを教《おし》えたり、自分《じぶん》の写真《しゃしん》を送《おく》ったりするのは絶対《ぜったい》にやめよう。相《あい》手《て》が悪《わる》い人《ひと》だと、悪用《あくよう》されてしまうよ。

SNS《エスエヌエス》で知《し》りあった人《ひと》とは 絶対《ぜったい》に会《あ》わない

やさしそうな人《ひと》でもSNS《エスエヌエス》で知《し》りあった人《ひと》とは絶対《ぜったい》に会《あ》ってはダメ。SNS《エスエヌエス》では相《あい》手《て》がどんな人《ひと》かわからないから、やさしいふりをした悪《わる》い人《ひと》の可能性《かのうせい》もあるよ。

お金《かね》の被《ひ》害《がい》をさける

スマホのゲームでは大金《たいきん》を使《つか》ってしまうトラブルがおこっているよ。そしてSNS《エスエヌエス》では詐欺《さぎ》のメッセージが届《とど》く事件《じけん》がおこっている。これらをさけるために十分注意《じゅうぶんちゅうい》しよう。

ゲームやSNS《エスエヌエス》でお金《かね》のトラブルにならないために

ゲームの課金《かきん》は家《いえ》の人《ひと》と相談《そうだん》

スマホのゲームでお金《かね》を使《つか》いたいときは、必《かなら》ず家《いえ》の人《ひと》に相談《そうだん》しよう。だまって勝手《かって》にお金《かね》を使《つか》ってはいけないよ。使《つか》っていい金《きん》額《がく》の限度《げんど》を、前《まえ》もって家《いえ》の人《ひと》と決《き》めておいてもいいね。ルールを守《まも》って、ゲームでお金《かね》を使《つか》いすぎないようにしよう。

無料《むりょう》のゲームにも課金《かきん》がある

スマホのゲームには、はじめはお金《かね》がかからなくても、しだいに強《つよ》くなる敵《てき》に勝《か》つために、アイテムを買《か》わなければならないなど、途中《とちゅう》でお金《かね》が必要《ひつよう》になるものも多《おお》いんだ。ゲームを続《つづ》けたくて、ついお金《かね》を使《つか》ってしまうこともあるから、注意《ちゅうい》しよう。

クリックをさそう詐欺《さぎ》に注意《ちゅうい》

SNS《エスエヌエス》で、あやしいメッセージが届《とど》くことがあるよ。重要《じゅうよう》なお知《し》らせや、お得《とく》なお知《し》らせと書《か》いてあるけど、ほとんどの場《ば》合《あい》が詐欺《さぎ》なんだ。ことばにつられて、ついクリックしそうになるけれど、絶対《ぜったい》にダメ。後《あと》で高額《こうがく》のお金《かね》を請求《せいきゅう》されるよ。

SNS《エスエヌエス》で迷惑《めいわく》をかけないために

SNS《エスエヌエス》では、自分《じぶん》が犯罪《はんざい》をおかしてしまう危険《きけん》もあるよ。悪気《わるぎ》がなくても、他人《たにん》に迷惑《めいわく》をかけたり、罪《つみ》をおかしたりしてしまうことがあるから気《き》をつけよう。

SNS《エスエヌエス》で絶対《ぜったい》にやってはいけないこと

違法《いほう》な投稿《とうこう》やダウンロード

マンガ本《ぼん》の中身《なかみ》を写真《しゃしん》にとって投稿《とうこう》したり、違法《いほう》なサイトと知《し》りつつ映画《えいが》をダウンロードしたりするのは犯罪《はんざい》だよ。作者《さくしゃ》の権利《けんり》（著作権《ちょさくけん》）を守《まも》る法律《ほうりつ》に違反《いはん》することだから、やってはいけないんだ。

デマの拡散《かくさん》

SNS《エスエヌエス》には、うその情報《じょうほう》がたくさん投稿《とうこう》されているよ。それをうのみにして拡散《かくさん》するのは、きみ自身《じしん》がデマを広《ひろ》げる一員《いちいん》になるということ。場合《ばあい》によっては法律《ほうりつ》違反《いはん》になることもある。絶対《ぜったい》にやめよう。

悪質動画《あくしつどうが》の投稿《とうこう》

みんなに注目《ちゅうもく》される動画《どうが》をとりたいからといって、お店《みせ》で悪《わる》ふざけなんかしちゃいけないよ。そしてその動画《どうが》を投稿《とうこう》するのもダメ。多《おお》くの人《ひと》にたいへんな迷惑《めいわく》をかけてしまうよ。

SNS《エスエヌエス》いじめ

だれかの悪口《わるぐち》をSNS《エスエヌエス》に投稿《とうこう》したり、グループチャットでだれかを仲間外《なかまはず》れにしたりするのはSNS《エスエヌエス》いじめだよ。いじめられた人《ひと》がとてもきずつくから、けっしてやってはいけないよ。

監修者　**国崎 信江（くにざき・のぶえ）**

危機管理教育研究所代表。危機管理アドバイザー。
女性・母親の視点から防犯・防災対策を提案し、全国で講演するほか、テレビ・新聞・雑誌を通じて普及啓発をしている。メディア出演多数。おもな著書・監修書に『狙われない子どもにする！ 親がすべきこと39』（扶桑社）、『こどもあんぜん図鑑』（講談社）、『こどもぼうはんルールブック おまもりえほん』『じぶんをまもるチカラがみにつく！ ぼうはんクイズえほん』（ともに日本図書センター）など。

イラスト	第1章：大野直人
	第2章：小松亜紗美（Studio CUBE.）
	第3章：ナガラヨリ
ブックデザイン	ムシカゴグラフィクス（池田彩）・釣巻デザイン室
DTP	有限会社エムアンドケイ（茂呂田剛・畑山栄美子）
編集	大沢康史
企画・編集	株式会社 日本図書センター

※本書で紹介した内容は、2023年11月時点での情報をもとに制作しています。
※この本は2024年に発行した『どっちを選ぶ？ クイズで学ぶ！ こども防犯サバイバル』（全3巻）を1冊に再編集したものです。

こんなときどうする？ クイズで学《まな》べる！

こども防《ぼう》犯《はん》サバイバル

2025年4月25日　初版第1刷発行

監修者	国崎信江
発行者	高野総太
発行所	株式会社日本図書センター
	〒112-0012 東京都文京区大塚3-8-2
	電話　営業部　03-3947-9387
	出版部　03-3945-6448
	HP　https://www.nihontosho.co.jp
印刷・製本	TOPPANクロレ 株式会社

ISBN978-4-284-00150-2 C8037